Grundlagenwissen Medien für Journalisten

Claudia Hangen

Grundlagenwissen Medien für Journalisten

Eine Einführung

 Springer VS

Claudia Hangen
Gastdozentin am Lehrstuhl für
Soziologie,
Universität Hamburg,
Hamburg, Deutschland

ISBN 978-3-531-18327-5 ISBN 978-3-531-19017-4 (eBook)
DOI 10.1007/978-3-531-19017-4

Die Deutsche Nationalbibliothek verzeichnet diese Publikation in der Deutschen Nation-albibliografie; detaillierte bibliografi sche Daten sind im Internet über http://dnb.d-nb.de abrufb ar.

Springer VS
© VS Verlag für Sozialwissenschaften | Springer Fachmedien Wiesbaden 2012

Springer VS ist eine Marke von Springer DE. Springer DE ist Teil der Fachverlagsgruppe Springer Science+Business Media.
www.springer-vs.de

Danksagung

Ich möchte besonders Sylvia Hangen-Riad, Marie-Luise Heutgens-Hangen und Rudolf Hangen für die wertvollen Hinweise und Gedanken zum Buchmanuskript danken.

Ebenso danke ich den StudentInnen in der Soziologie für Ihre interessanten Fragen und inhaltlichen Anregungen zum Medienseminar.

Inhaltsverzeichnis

Medien und Beruf

1.1 Journalist – rechtlich ungeschützte Berufsbezeichnung

In vielen Ländern ist der Zugang zur Berufsgruppe der Journalisten rechtlich nicht geschützt. Dies ist auch in Deutschland so. Der offene Zugang zum Journalistenberuf wurde in Art. 5 des Grundgesetzes gesetzlich festgelegt, worin es heißt, dass jeder das Recht habe, seine Meinung in Wort, Bild und Schrift frei zu äußern und zu verbreiten. Insofern kann sich jeder, der sich auf den Wortlaut des Art. 5 GG beruft und publizistisch tätig ist, Journalist nennen. Die Grundgesetzväter gewähren mit der journalistischen Berufsfreiheit im historischen Rückblick auch die Abkehr vom Schriftleitergesetz von 1933, in welchem der Zugang zum Journalistenberuf eingeschränkt war[1] (Nachweis der arischen Abstammung)[2].

1.2 Wandel des Berufsbildes

Während in den sechziger Jahren der Beruf des Journalisten noch mit einem Begabungsberuf verglichen wird, definiert der DJV (Der Deutsche Journalistenverband) jenen 1996 als einen Ausbildungs- und Qualifikationsberuf, der hauptberuflich von Festangestellten oder freien Journalisten in Wort, Bild oder Ton ausgeübt wird. Dabei stellen die Journalistinnen und Journalisten über die besonders aufgearbeiteten Text-, Bild- und Toninformationsinhalte (Recherche, Sammeln und Prüfen, Auswahl und Bearbeitung, Aufbereitung, Gestaltung und Vermittlung) Öffentlichkeit her und beherrschen die dafür notwendige Technik[3].

[1] Vgl. Donsbach (1999).
[2] Vgl. Altendorfer (2004, S. 280).
[3] Vgl. die Berufsdefinition der JournalistInnen des DJV bei Donsbach (1999, S. 490, a. a. O.).

C. Hangen, *Grundlagenwissen Medien für Journalisten*,
DOI 10.1007/978-3-531-19017-4_1,
© VS Verlag für Sozialwissenschaften | Springer Fachmedien Wiesbaden 2012

Das ursprüngliche Bild des Begabungsberufes schriftstellerisch tätiger Journa-
listen resultierte aus dem Geist der Aufklärung und der Französischen Revolution.
Während sich in Monarchien die Bildungsschichten an den Höfen versammelten,
taten sich diese im Zuge der Gründung moderner Demokratien mit Groß-Druck-
Verlegern zusammen, um die Republik sowie die Sache der Republik, öffentlich
zu erörtern. Zuvor hatten die Verlag die Liedtexte von fahrenden Sängern und
Balladensängern in Städten verbreitet. In sogenannten fliegenden Blättern waren
Melodramen, Schauerballaden und Sensationsgeschichten zum Besten gegeben
worden, die die Massen unterhielten. Bis ins 17. Jahrhundert waren die Mensch-
medien die wichtigsten Nachrichtenverbreiter[4]. Diese verloren im 19. Jahrhundert
mehr und mehr ihre Steuerungs- und Orientierungsfunktion mit dem Nachlass
der Zensur in der Gesellschaft. An ihre Stelle traten Printmedien, wozu Flug-
schriften, Flugblätter und Zeitungen gehörten, in denen Poeten, Schriftsteller und
Journalisten frei über die zeitgenössischen politischen Verhältnisse aufklärten. Dabei entwickelte sich zusehends eine Dichotomie zwischen dem angelsächsischen
Journalismus, der im 19. Jahrhundert bereits faktenorientiert und rein berichter-
stattend war und dem Meinungsjournalismus in der deutschen Partei- und Mei-
nungspresse[5].

1.2.1 Journalisten der Lizenzpresse

Die Journalisten nach dem Zweiten Weltkrieg sollten vor allem eines nicht gewesen
sein: Parteimitglied innerhalb der NSDAP oder unter der nationalsozialistischen
Herrschaft eine journalistische Tätigkeit ausgeübt haben. Obgleich dies die von
den Alliierten definierte Grundbedingung der Mitarbeit in der deutschen Lizenzpresse nach 1945 war, lässt sich nicht unbedingt ein vollkommener personeller
Neuanfang voraussetzen. Donsbach geht davon aus, dass zwei von drei Journalisten bereits Berufserfahrungen gesammelt hatten, die bis ins Kaiserreich zurück-
reichten. Die Wenigsten, nur drei Prozent waren Emigranten[6], eine Mehrheit war
Parteimitglied.
    Dennoch die Journalisten, die bei der Lizenzpresse anfingen, arbeiteten häufig
unter schwierigsten ökonomischen Bedingungen, die in schlechter Bezahlung, hoher Konkurrenz infolge eines Überangebots an Journalisten und Kurzzeitverträgen
gipfelten. Obgleich die Amerikaner und Briten federführend bei der Kontrolle der

---

[4] Faulstich (2006, S. 134 ff.).
[5] Donsbach (1999, S. 491).
[6] Donsbach (1999, S. 493).

Berichterstattung in der Zeit nach dem Zweiten Weltkrieg waren, setzen sich die Maßstäbe des anglo-amerikanischen Journalismus in den deutschen Redaktionen nicht durch, so dass sich die in den englischen Medien übliche scharfe Trennung zwischen Meinung und Nachricht bei den Mitarbeitern in den deutschen Redaktionen nicht gleichermaßen einschleifte.

1.2.2 Journalisten als Widersacher

Mit der Politisierung der deutschen Gesellschaft und der Medien in den sechziger Jahren nach dem Krieg entstand das Bild des Widersacher-Journalisten oder skeptischen Journalisten, der besonders im Zuge der Spiegel-Affäre um Augenhöhe für die Medien und für äußere Pressefreiheit gegenüber der Adenauer-Regierung kämpfte. Auch die freie, kreative, antiautoritäre Sprachkultur der 68er-Jugend, die die Beziehungen zur Elterngeneration infrage stellte sowie der Vietnam-Krieg, der Antikriegsdemonstrationen in den USA provozierte, führten zur starken Skepsis des schreibenden und recherchierenden Journalisten im Zuge des sich herausbildenden linken Journalismus in Deutschland. Sendungen wie Panorama stießen nicht nur auf den Widerspruch der rechten Regierungsparteien in der Post-Adenauer-Ära, sondern zogen auch einen großen Zuschauerkreis an, da sie in der Form von Dokumentationen zeitkritisch informierten. Noch bis 1992 definierten in einer Repräsentativstudie Journalisten mehrheitlich ihre Aufgabe in den Printmedien darin, Missstände aufzudecken und Kritik zu üben[7]. Während Journalisten wie Rudolf Augstein bis zur Mitte der siebziger Jahre noch das Berufsbild des Begabungs- und Widersacherjournalisten in der Öffentlichkeit nährten, setzte gleichzeitig ein schleichender Wandel ein. Dabei trat das reine Talent zum Schreiben im Vergleich zur vorgewiesenen Ausbildung als Berufsvoraussetzung in den Hintergrund.

1.2.3 Neue Herausforderungen

Doch die wenigsten Journalisten hatten im Medienberuf auch eine berufliche Ausbildung oder einen Studienabschluss vorzuweisen. Der Journalist galt eher als der typische Abbrecher. Besonders bei den Rundfunk- und Fernsehanstalten waren in den siebziger Jahren viele Studienabbrecher angestellt, die die neu geforderten formalen Qualifikationen nicht aufwiesen. Laut einer Umfrage des Instituts für Demoskopie Allensbach waren zu der Zeit rund 32 % der Redakteure und 44 % der

---

[7] Donsbach (1999, S. 500).

Ressortchefs Studienabbrecher[8]. Ein erneutes Aufflammen der Debatte um Berufsethik und Qualifikationen im Journalismus setzte in den achtziger Jahren ein und
wurde vor allem im Zuge der in Mode gekommenen PR (Public Relations)-Berufe
entfacht, die sich als Vereinigung nationaler und regionaler PR-Verbände 2000 auf
einen Ethik-Kodex geeinigt haben. In einer Art Declaration of Principles wird der
Berufsethos des PR-Praktikers über das Eintreten für Interessen (advocacy), die
Sachverständlichkeit (expertise) und u. a. die Verantwortlichkeit dem Kunden und
der Gesellschaft gegenüber definiert[9]. Im Unterschied zum Printmedienjournalis-
ten vertritt der PR-Praktiker nicht in erster Linie die Interessen des Gemeinwohls,
sondern beispielsweise die eines Unternehmens, einer Unternehmensgruppe oder
einer Person oder besonderen Institution (wie der Pressesprecher im Bundeskanz-
leramt).

Die neunziger Jahre bringen ein journalistisches Berufsbild hervor, das den Ak-
zent bei Berufsanfängern auf technische Fähigkeiten und die Kenntnis der Neuen
Medien legt. Denn die Neuen Medien werden bei ihrem Einzug in die deutschen
Redaktionen auch von neuen kommerziellen Managementstrategien aus den USA
begleitet. Mit Berufen wie dem *Screen-Designer* oder dem *Konzeptioner* sind besondere Fertigkeiten und ein Talent zur Gestaltung gefragt. Damit geht auch eine
zunehmende Kommerzialisierung des Berufsbildes einher, die in dem Selbstverständnis des Journalisten gipfelt, nicht hauptsächlich Kritik und Kontrolle zu üben,
sondern eine Service- und Unterhaltungsfunktion gegenüber der Leserschaft zu
erfüllen[10].

1.2.4 Professionalisierung

Unbestritten zeichnet sich in der Literatur zur beruflichen Qualifikation des Journalisten der generelle Trend ab, dass Begabung als Berufsvoraussetzung alleine
nicht mehr ausreicht. Mit der zunehmenden Medienkonkurrenz, der Digitalisierung und Vernetzung der Technik sowie der Entwicklung des Marktes, der auf
schlanke Redaktionen abzielt, ist auch eine zunehmende, über Fachschulen ge-
formte Professionalisierung im journalistischen Beruf gefragt. Diese kann durch
eine Fachausbildung, ein Volontariat, zusammen mit einem Fachstudium erlangt
werden. De facto wird sie aber für immer mehr Bewerber zum Einstellungskri-

---

[8] Donsbach (1999, S. 502).

[9] Vgl. zu den Kodizes, Richtlinien der PR-Berufe Bentele und Deutscher Fachjournalisten-
Verband (2006, S. 416).

[10] Donsbach (1999, S. 509).

terium in Redaktionen. Die Verknappung von Volontariatsstellen erhöht zudem die Konkurrenz der Bewerber untereinander, so dass die am besten Qualifizierten (Fachstudium plus Journalistenschule) oft die besten Chancen am Markt haben[11].

1.3   Von Königswegen in den Journalismus

Interview mit Rudolf Porsch, stellvertretender Direktor der Axel Springer Akademie Berlin

▶   Wie stellen sich heute die deutschen Medien dar? Nach welchen Kriterien werden Journalisten eingestellt? Sind hier die Journalistenschulen eines ideales Sprungbrett und das einzige Sprungbrett, um den Berufsweg sicher einzuschlagen und im Journalismus Karriere zu machen? Wie ist Ihre Erfahrung?

▶   **Rudolf Porsch:** „Eine Journalistenschule kann den besten Einstieg in den Beruf bieten. Vorausgesetzt, sie ist eng mit dem Alltag in Redaktionen verbunden, verfügt über ausreichend vielfältige Einsatzmöglichkeiten und genießt einen exzellenten Ruf. So können die Vorzüge einer Schule mit den Vorteilen eines klassischen Volontariats kombiniert werden und Theorie und Praxis, Kontextualisierung und journalistische Routine vermittelt werden. Dabei wird noch auf Jahre hinaus gelten: Solide praktische Erfahrung in einer Tageszeitung (Print wie Online) gilt als beste Qualifikation für alle weiteren Einsatzfelder im Journalistenberuf".

▶   Was müssen die Studenten an Voraussetzungen neben Motivation und Liebe zum Schreiben mitbringen, um ein Schüler Ihrer Schule zu werden?

▶   **Rudolf Porsch:** „Talent und Leidenschaft!
Man muss es wollen und es muss journalistisches Talent erkennbar sein bei der Themenwahl, beim Ansatz einer Geschichte, bei der Recherche und bei der Präsentation. Dabei sind erste Medienerfahrungen etwa durch Praktika oder freie Mitarbeit von Vorteil und Fremdsprachen und

---

[11] Vgl. Mast (2008, S. 126 ff.).

Spezialwissen in wenigstens einem Ressort (Sport, Wirtschaft, Politik, Wissenschaft, Kultur, Unterhaltung, Gesellschaft, etc.) unentbehrlich."

► Welches sind die Kniffe, um eine reelle Chance zu haben, bei Ihnen angenommen zu werden? Wie kann man sich auf die Bewerbung für die Journalistenschule vorbereiten? Wie viele Bewerber werden von der Anzahl genommen und wer schafft es, das Schulprogramm zu absolvieren?

► **Rudolf Porsch:** „Man muss es wollen!
Gründliche Information über das Unternehmen und die Redaktion, in der man gerne arbeiten möchte, sind das A & O einer erfolgreichen Bewerbung. Die rund 40 Journalistenschüler, die sich jedes Jahr gegen mehr als tausend Mitbewerber behaupten, fallen durch ihre Kreativität, ihren Erfolgswillen, durch Esprit und Fleiß auf. Sie sind gut vorbereitet, kennen die aktuellen Ausgaben ihrer Wunschredaktionen, können brauchbare Themenvorschläge kurz vorstellen und wollen etwas erreichen und verändern".

► Haben auch Studenten eine Chance, die schon älter sind und eine andere berufliche Ausbildung absolviert haben? Gibt es eine Altersbeschränkung bei den Bewerbern bzw. wie viel Prozent der Studenten haben schon ein Studium beendet?

► **Rudolf Porsch:** „Wissen nützt!
Jede bereits absolvierte Ausbildung, jedes abgeschlossene Studium ist grundsätzlich von Vorteil, weil es das dringend erforderliche Spezialwissen stärkt. Das belegt auch der sehr hohe Anteil (mehr als 90 %) an Akademikern und Promovierten unter den Journalistenschülern der Axel Springer Akademie. Gleichzeitig gilt aber auch: Je jünger, desto erfolgreicher, da ein früher Studienabschluss beispielsweise auf Disziplin, Aufnahmefähigkeit und Leistungsbereitschaft schließen lässt".

► Welches sind denn die ganz konkreten Auswahlkriterien für die Zulassung zur Journalistenschule?

► **Rudolf Porsch:** „Does it fit?
Passen die Bewerber zum konkreten Anforderungsprofil einer bestimmten Redaktion und ist Potential als Reporter, Blattmacher, Ressortleiter oder Chefredakteur zu erkennen"?

▶   Was nimmt man im Gepäck mit, wenn man die Journalistenschule erfolgreich beendet hat? Welche Chancen ergeben sich daraus? Stehen dann die Türen der etablierten Medien wie ZDF, WDR, SPIEGEL, DER ZEIT, Brigitte Woman, der Financial Times etc. offen?

▶   **Rudolf Porsch** „Man ist fit für das moderne Medienzeitalter! Seit Bestehen der Akademie werden regelmäßig mindestens 90 % eines Jahrgangs übernommen. Unsere Absolventen arbeiten zum Beispiel als Redakteure für DIE WELT, ROLLING STONE oder goFEMIN.de. Unser Ziel ist es, möglichst viele Journalistenschüler bei uns im Haus zu halten, wenngleich immer öfter auch Wettbewerber bei unseren Talenten anklopfen und versuchen, diese für sich zu gewinnen".

▶   Wie hat sich die Medienlandschaft gegenüber früher beruflich verändert? Gibt es für Journalisten noch genug Stellen? Geht nichts ohne den Königsweg der Journalistenschule vergleichbar zu Frankreich und den USA? Wie ist Ihre Einschätzung im Hinblick auf die Entwicklung deutscher Medien seit dem Zweiten Weltkrieg?

▶   **Rudolf Porsch** „Die Frage nach einer Veränderung der Medienlandschaft nach 1945 und der internationale Vergleich sprengen den Rahmen eines Interviews!
Fakt ist: Eine gründliche Ausbildung wird immer wichtiger für die journalistische Karriere, die – mehr als früher – methodische Generalisten und fachliche Spezialisten verlangt".

▶   Im 19. Jahrhundert war der Journalistenberuf vor allem ein Begabungsberuf, der besonders von Schriftstellern ausgeübt wurde wie Saint-Exupéry, Karl Marx u. a. Heute reicht Begabung nicht aus. Medien können nur dann erfolgreich Kritik und Kontrolle auf die Gewalten ausüben, wenn sie wirtschaftlich erfolgreich und unabhängig sind. Ist heute ein guter Journalist ein guter Manager, der nebenbei auch noch ganz gut schreiben kann? Welche Talente stehen für die Medienunternehmen bei der Einstellung im Vordergrund? Wie ist Ihre Einschätzung?

▶   **Rudolf Porsch** „Die Frage trennt nicht zwischen Medien und Journalisten.
Medien sind Mittel, digital oder analog, die technischen, logistischen und ökonomischen Gesetzmäßigkeiten unterliegen, die gemanagt werden müssen. Journalismus ist das, was mit Hilfe der Medien übermittelt

wird. Je mehr sich der Journalist dabei auf den Inhalt und seine Zielgruppe, seine Leser, Nutzer, Zuschauer oder Hörer konzentrieren kann,
desto besser. Kurz: Je besser die Qualität, je höher die Professionalität
in einem Unternehmen, desto differenzierter auch die Aufgabenteilung
und Spezialisierung. Wir in unserem Haus trennen daher auch strikt
Werbung und Redaktion".

Interview mit Tina Stadlmayer, freie Journalistin, ehemals Redakteurin bei
taz, Spiegel und Financial Times Deutschland und Absolventin der Deutschen Journalistenschule (DJS) in München

▶   Gibt es Ihrer Meinung nach den Königsweg in den Journalismus? Oder
    anders gefragt, haben heute nur noch Absolventen von Journalisten-
    schule die Chance, gute Jobs im Journalismus zu bekommen?

▶   **Tina Stadlmayer, freie Journalistin** „Die Journalistenschulen bieten
    eine hervorragende und umfassende Ausbildung, aber es gibt noch
    andere Ausbildungsgänge, die ich für gleichwertig halte. Dazu gehören:
    • Ein Volontariat bei einer Rundfunkanstalt oder bei einer Zeitung.
      Damit hat man zwar nicht dieses breite Ausbildungsfeld, wie es das
      Programm der Journalistenschulen anbietet und die Chance, sämt-
      liche Medien kennenzulernen. Aber, wenn man schon weiß, auf wel-
      ches Medium man sich spezialisieren möchte, dann ist dies vielleicht
      sogar der bessere Weg, weil Volontärinnen und Volontäre auch oft
      übernommen werden im Gegensatz zu Journalistenschülern.
    • Dann ist es mir noch wichtig zu sagen, dass es eigentlich ganz egal
      ist, was man studiert. Es ist wichtig, dass man ein Studium absolviert,
      das einem am Herzen liegt und für das man brennt. Denn dann wird
      man auch später als Journalistin oder Journalist für dieses Thema
      brennen können. Zudem sind Spezialisten im Journalismus mehr
      gefragt als Generalisten, beispielsweise Volkswirtschaftler, Juristen,
      Techniker, Physiker. Diese haben eine große Chance als Experten im
      Journalismus unterzukommen. Sie sind mehr gefragt als Generalis-
      ten, die alles so ein bisschen können, aber nichts so richtig".

▶   Nach welchen Kriterien werden heute Journalisten eingestellt? Sind
    hier die Journalistenschulen ein ideales bzw. das einzige Sprungbrett,

um den Berufsweg sicher einzuschlagen und im Journalismus Karriere zu machen? Wie ist Ihre Erfahrung?

▶   **Tina Stadlmayer, freie Journalistin** „Eine Ausbildung an der Journalistenschule ist ganz sicher ein gutes Sprungbrett und ein guter Einstieg, aber auf keinen Fall der einzige Weg. Es gibt noch zahlreiche andere gute Ausbildungen. Es ist auch sehr abhängig vom einzelnen Medium, welche Kriterien an Bewerber angelegt werden, welche Leute sie suchen und wen sie sich wünschen. Auch das sind nicht immer Journalistenschüler".

▶   Was müssen die Studenten an Voraussetzungen neben Motivation und der Liebe zum Schreiben mitbringen, um Schüler an einer Journalistenschule zu werden?

▶   **Tina Stadlmayer, freie Journalistin** „Um an einer Journalistenschule angenommen zu werden, muss man die Aufnahmeprüfung bestehen. Man sollte über ein sehr gutes Allgemeinwissen verfügen und es wird getestet, ob man gut schreiben und ob man sich mündlich gut ausdrücken kann. Das sind die drei wichtigsten Qualifikationen. Bei der hohen Bewerberzahl ist es auch ein bisschen Glück und die, die aufgenommen werden, sind nicht die Einzigen, die es verdient haben, genommen zu werden".

▶   Welches sind die Bewerbungs-Kniffe, um eine reelle Chance zu haben, bei einer Journalistenschule angenommen zu werden?

▶   **Tina Stadlmayer, freie Journalistin** „Ich finde schon, dass man sich gezielt vorbereiten kann. Ich habe das damals auch gemacht: Allgemeinwissen kann man ja auch büffeln. Da muss man beispielsweise ganz gezielt mehr als nur eine Tageszeitung lesen. Es gibt ja auch die Fototests. Hierbei kann man üben, ob man den Menschen, der auf dem Foto abgebildet ist, erkennt. Vor der mündlichen Prüfung kann man sich vorbereiten, wie man rüberkommen will, was man unbedingt an Fehlern vermeiden sollte. Man sollte auf keinen Fall größenwahnsinnig rüberkommen, indem man sagt: ‚Ich werde Auslandskorrespondent in New York'. Das sind so die klassischen Fehler, die immer wieder gemacht werden. Um die Fehler zu vermeiden, sollte man mit Leuten reden, die die Prüfung bestanden haben oder mit Profis zu reden, die einem Tipps geben können, worauf man achten sollte. Man sollte auch nicht so nervös und hektisch rüberkommen".

▶ Wann haben Sie die Journalistenschule besucht?

▶ **Tina Stadlmayer, freie Journalistin** „Ich habe gleich nach meinem Abitur 1979 die Aufnahmeprüfung an der Journalistenschule in München bestanden und Diplomjournalistik studiert. In den Semesterferien fanden die Kurse an der DJS statt. Journalistenschule und das Studium waren dann 1984 beendet.
Heute ist das ein wenig anders. Gleich nach dem Abi kann man nur noch den Kompaktkurs an der Journalistenschule absolvieren. Aber besser ist es, wenn man vor dem Kurs schon ein Studium oder eine Berufsausbildung abgeschlossen hat. Die andere Möglichkeit ist der Masterkurs an der DJS. Hier wird die praktische Ausbildung an der DJS mit Vorlesungen und Übungen am Institut für Kommunikationswissenschaft und Medienforschung (IfKW) der Ludwig-Maximilians-Universität München kombiniert. Davor muss man aber zumindest ein Bachelor-Studium abgeschlossen haben".

▶ Mit der Ratifizierung des Gleichstellungsgesetzes darf eigentlich niemand mehr wegen seines Alters abgelehnt werden. Haben denn nun auch Studenten, die schon älter sind oder vorher eine berufliche Ausbildung absolviert haben, eine Chance? Gibt es noch eine Altersbeschränkung für Bewerber?

▶ **Tina Stadlmayer, freie Journalistin** „Generell ist es im Journalismus immer möglich, als Quereinsteiger erfolgreich zu sein. Gerade Leute mit profunden Fachkenntnissen und Lebenserfahrungen werden häufig gesucht. Spezialisten werden immer wieder gebraucht und sind auch sehr gefragt. An der Journalistenschule in München ist es schon so, dass folgende Voraussetzungen gelten:
• Für den Kompaktkurs braucht man entweder ein abgeschlossenes Studium
• oder eine Berufsausbildung
• auf jeden Fall Abitur
• man darf nicht älter sein als 28 Jahre.
Es kann dann für die Bewerber schon knapp werden, wenn ein abgeschlossenes Studium gefordert wird und gleichzeitig eine Altersbegrenzung vorgeschrieben ist.

Für den Masterstudiengang gelten zwei Bedingungen:
- hierfür ist ein abgeschlossenes Studium Pflichtvoraussetzung
- und man darf nicht älter sein als 30 Jahre sein".

▶ Was nimmt man im Gepäck mit, wenn man die Journalistenschule erfolgreich beendet hat? Welche Chancen ergeben sich daraus? Stehen dann die Türen der etablierten Medien ZDF, WDR, SPIEGEL, DIE ZEIT, Brigitte Woman, Financial Times etc. offen?

▶ **Tina Stadlmayer, freie Journalistin** „Die Türen stehen überhaupt nicht offen. Das war schon vor dreißig Jahren so und ist heute noch viel weniger der Fall, einfach deswegen, weil die Konkurrenz so groß ist. Was man von den Journalistenschulen mitnimmt, ist natürlich eine sehr gute handwerkliche Ausbildung. Das ist schon einmal ein großer Pluspunkt. Man hat ja dann auch die Chance gehabt, in verschiedene Medien reinzuschnuppern. Man hat Print, Fernsehen, Hörfunk und Online kennengelernt. Man weiß dann auch schon, was einem mehr liegt und was weniger. Aber, es ist überhaupt nicht so, dass beim ZDF, dem Spiegel und der Zeit die Türen offenstehen und alle nur auf die Journalistenschüler warten. Das ist dann manchmal auch ein böses Erwachen. Aber es gibt ja auch sehr gute Lokalzeitungen, bei denen man sich bewerben kann. Es gibt ganz tolle Fachmagazine. Es ist sowieso illusorisch als Berufsanfänger, bei einem der großen, überregionalen Medien anzufangen. Das schafft kaum jemand".

▶ Welche Karriere haben Sie selbst nach der Journalistenschule eingeschlagen?

▶ **Tina Stadlmayer, freie Journalistin** „Also, ich bin auch nicht ganz oben eingestiegen. Anfangs versuchte ich, beim Bayerischen Rundfunk als feste Freie Fuß zu fassen und war dann über den großen Konkurrenzkampf im Rundfunksender erstaunt. Dabei stellte ich fest, dass ich darauf keine Lust habe. Deshalb habe ich mich auf eine Anzeige in der taz für eine Redakteursstelle im Parlamentsbüro in Bonn beworben. Das Bewerbungsgespräch bei der taz fand damals noch vor der versammelten Redaktion statt. Den Ausschlag im Bewerbungsgespräch hat wahrscheinlich schon die Tatsache gegeben, dass ich eine abgeschlossene Ausbildung bei einer Journalistenschule vorweisen konnte. Bei der taz war ich einige Jahre politische Redakteurin und bin von dort aus

als Redakteurin zum Spiegel gegangen Danach habe ich als Ostasien-
Korrespondentin für verschiedene Zeitungen gearbeitet, war Redak-
teurin bei der Financial Times Deutschland und arbeite heute als freie
Journalistin".

1.3.1 Journalistenschule als Karrieresprungbrett

Interview mit Jan-Martin Wiarda, Redakteur für das Ressort Chancen, DIE ZEIT

▶   Länder wie die USA und Frankreich zeichnen den Karriere-Weg von
     Journalisten vor. Es geht beinahe nichts ohne den Besuch einer Jour-
     nalistenschule. Wie sehen Sie die Situation in den deutschen Medien?
     Nach welchen Kriterien stellen Printmedien, Hörfunk und Fernsehme-
     dien Journalisten ein? Worauf wird geachtet? Gibt es in Deutschland
     den Königsweg in den Journalismus?

▶   **Jan-Martin Wiarda, DIE ZEIT** „Ich sehe den Unterschied nicht mehr
     ganz so stark zu den USA, wie er vor 10 bis 20 Jahren noch gewesen
     sein mag. Vor 10 bis 20 Jahren hatte man auch als Quereinsteiger ohne
     journalistische Vorbildung eine Chance, eine berufliche Laufbahn in
     den Medien einzuschlagen. Ich kenne eine Menge Leute, die durchaus
     auch in hohen Positionen sitzen, ohne dass sie eine Journalistenschule
     besucht oder in vielen Fällen, ohne ein Volontariat gemacht zu haben.
     Das Phänomen des erfolgreichen Quereinsteigers ist heute eher selten
     anzutreffen.
     Um nun in Qualitätsmedien eine Redakteursstelle zu erhalten, ist zu
     einem beliebigen Fachstudium zusätzlich eine journalistische Ausbil-
     dung notwendige Voraussetzung. Im Grunde stellen sich zwei Mög-
     lichkeiten: Entweder ein Volontariat bei einem Medium – einer Tages-
     zeitung, einer Wochenzeitung, einem Magazin, Radio, Fernsehen oder
     Internetredaktion – oder umgekehrt der Besuch bei einer Journalisten-
     schule.

     Um auf Ihre Frage zurückzukommen, wenn ich mich umschaue, wird
     deutlich, dass Ehemalige oder Absolventen von Journalistenschulen
     die besten Jobchancen haben. Wenn es um einflussreiche Positionen
     geht, wenn es um interessante Medien geht, um bundesweite Medien,
     zeigt sich dort eigentlich das normale Bild, dass die meisten Stellen von
     Absolventen der Journalistenschulen besetzt werden."

▶   Wie ist denn im Vergleich dazu Ihr eigener Karriereweg in den Journalismus verlaufen?

▶   **Jan-Martin Wiarda, DIE ZEIT** „Im Prinzip ganz ähnlich. Ich habe sogar zwei Journalistenschulen besucht, eine in den USA und eine in Deutschland. Ich fange am besten von vorne an. Ich habe zuerst ein Semester lang ein Studium in Politikwissenschaft angefangen. Parallel dazu habe ich mich an der Deutschen Journalistenschule in München beworben. Als ich dort angenommen worden war, schwenkte ich im Studium um und nahm ein Kombinationsangebot aus einem Studium der Diplomjournalistik und der Ausbildung an der Deutschen Journalistenschule an. Parallel zum Studiengang Diplomjournalistik besuchte ich also die Journalistenschule. Unmittelbar vor dem Universitätsabschluss ging ich nach Amerika mit Hilfe eines Stipendiums. Dort habe ich zwei Jahre an der Journalistenschule der University of North Carolina at Chapel Hill verbracht und meinen Master gemacht. In den USA sind die Journalistenschulen Teil der Universitäten. Danach kehrte ich nach Deutschland zurück und schloss auch hier die Deutsche Journalistenschule ab. Insofern habe ich einerseits ein Fachstudium mit den Schwerpunkten Politikwissenschaft, Soziologie und Volkswirtschaft und andererseits eine praktische Ausbildung absolviert. Während jedoch die Ausbildung der Journalistenschule in Deutschland rein praktisch war, umfasste sie in den USA eine universitäre Bildung. Die in den USA besuchte Journalistenschule war gleichzeitig eine Universität mit den Fachausrichtungen Politikwissenschaft und Kommunikationswissenschaft".

▶   Bleiben wir beim Berufsbild des Journalisten. Vor dem Ersten Weltkrieg gab es das Berufsbild des Journalisten, das mit Begabung gleichgesetzt wurde. Journalisten waren eigentlich Schriftsteller. Ich erinnere an den Schriftsteller Saint-Exupéry, der zwischen den beiden Weltkriegen für französische Zeitungen geschrieben hat oder den Schriftsteller Emile Zola mit seinem berühmten Brief an die französische Regierung: „J'accuse!" im Rahmen der Dreyfus-Affäre von 1894. Mit der Lizenzpresse nach dem Zweiten Weltkrieg kam in Deutschland vor allem der investigative Journalist auf, auch nach dem Vorbild der USA. Die Spiegel-Affäre 1962 stellte wohl den Gipfelpunkt für die Perfektion dieses Berufsbildes dar. Danach haben sich die Medien vor und nach der 68er Studentenbewegung politisiert und ideologisiert. Wie wird Ihrer Meinung nach das Berufsbild des deutschen Journalisten heute gesehen? Muss ein Journalist heute ein guter Manager sein? Oder gelten immer noch alle genannten Punkte und wirtschaftliches Grundwissen kommt nur dazu?

▶ **Jan-Martin Wiarda, DIE ZEIT** „Ich glaube, Begabung gehört natürlich immer dazu. Das gilt für die meisten Berufe, dass man ein gewisses Talent dafür haben muss. Das ist zwar eine notwendige, aber keine hinreichende Voraussetzung. Journalisten antworten immer, wenn sie gefragt werden – das ist ein bisschen Standard, ich sage es trotzdem – dass man für den Beruf auch Neugier braucht. Man muss bereit sein, in Gebiete reinzuschauen, die man nicht kennt. Man muss auch ein bisschen mutig sein, um sich in Themen einzuarbeiten, von denen man vielleicht bisher keine Ahnung hatte. Man muss natürlich gern Geschichten erzählen. Ansonsten, das gehört schon dazu – ich gehe davon aus, Sie meinen die meisten festangestellten Journalisten – muss man als Redakteur viel organisieren.

Die Zahl der festangestellten Journalisten nimmt tendenziell ab. Dadurch konzentriert sich das Tätigkeitsfeld auf verschiedene Aufgaben: Dazu gehört die Anleitung vieler freier Journalisten, die Ideen- und Geschichtenentwicklung, die Frage, wie Themen inhaltlich aufbereitet und im Printmedium dargestellt werden sollen. Man hat viel mit der Produktion und Organisation von Inhalten zu tun und schreibt oft gar nicht selbst, sondern verarbeitet hauptsächlich die Themen, die zugeliefert werden. Dadurch nimmt der Job auch etwas ab in Hinsicht auf Kreativität und Selbstschaffen. Die Hauptarbeit liegt im Verwalten und Organisieren. Vielleicht könnte man sagen, dass man heute im Vergleich zu früher stärker strategisch arbeitet.

Umgekehrt gilt es für die freien Journalisten auch, dass sie strategisch vorgehen müssen, auch dass sie schauen müssen, wie ‚vermarkte' ich mich. Und umgekehrt müssen sie sehr viel und inzwischen oft sehr schnell produzieren. Und hierbei ist dieses Spontane, auch schnell, gut und tief Recherchierenkönnen gefragt. Insofern haben wir eine Art Zweiteilung. Auf der einen Seite das verstärkte schnelle Zuliefern der Freien. Auf der anderen Seite das stärkere Organisieren, das stärkere Planen der Festen.

Um nochmals auf Ihre Frage zurückzukommen, der investigative Journalistentyp ist in Deutschland bislang nicht groß vertreten. Er ist in den USA vielmehr Mode oder stärker verbreitet als bei uns. Bei uns verbreitet ist eher der essayistische Journalistentyp, also jemand, der sich quasi die Umwelt anschaut und darüber reflektiert und Reportagen oder Meinungsstücke schreibt. Das harte Faktenrecherchieren und vielleicht das auch unbequeme Recherchieren, das ist in Deutschland eher in den Anfängen. Es gibt einige wenige Medien, die das verstärkt betreiben. Aber es gibt sehr wenige ausgewiesene, investigative Journalisten in Deutschland".

▶   Der deutsche Presserat hat lange gebraucht, bis er sich seit seiner Gründung mit seinen ethischen Grundätzen, seiner Auffassung vom journalistischen Berufsethos bei den deutschen Medien etabliert hat. Wie präsent sind diese Grundsätze im Redaktionsalltag?

▶   **Jan-Martin Wiarda, DIE ZEIT** „Also, ich würde sagen, in unserem Redaktionsalltag spielt der Deutsche Presserat kaum eine Rolle. Natürlich ist es so, dass im Hinterkopf dieses Gremium existiert, aber man muss dazu sagen, dass DIE ZEIT wahrscheinlich auch nicht das Medium ist, das sehr oft mit dem Presserat in Konflikt kommt. Insofern ist es so, dass wir uns in unserer täglichen Arbeit darum eigentlich keine Gedanken machen, weil diese ethischen Erwägungen, inwieweit ist es in Ordnung, um des öffentlichen Interesses willen in die Privatsphäre von Menschen einzugreifen, bei uns ohnehin immer mitlaufen. Insofern ist es so, dass ich in meiner Tätigkeit, ich bin jetzt seit sieben Jahren bei DER ZEIT, mit dem Presserat noch nie in Kontakt gekommen bin.
Es ist sicherlich eine sinnvolle Einrichtung, es ist sicherlich so, dass es vor allem, um eben auch stärkere staatliche Eingriffe zu verhindern, ein gutes Mittel ist. Umgekehrt wird dem Presserat oft vorgeworfen, er sei, wenn es darauf ankommt, auch ein zahnloser Tiger, weil dort, wo es wirklich notwendig wäre, Vergehen zu ahnden, er dann doch sehr stark auf die Kooperation des jeweiligen Mediums angewiesen ist. Wenn ich da jetzt an einige Medien denke, die da häufiger in Konflikte kommen, ist es nicht so, dass sich diese Medien dadurch auszeichnen, dass sie wahnsinnig gerne kooperieren, was das Abdrucken von Rügen angeht".

▶   Musste Die Zeit schon einmal eine Rüge abdrucken?

▶   **Jan-Martin Wiarda, DIE ZEIT** „Nicht, dass ich mich daran erinnern würde. Ich will das jetzt nicht ausschließen. Mir allerdings ist kein Fall präsent".

▶   Kann man im Tagesgeschäft als verantwortlicher Journalist die Grundsätze journalistischer Ethik und Wirtschaftlichkeit immer vereinbaren? Wie ist die Situation bei der Zeit? – Beispielsweise alle Informationen der Bundesregierung im Rahmen von PKs zu überprüfen, alle Quellen zu prüfen, keine sensationelle Darstellung der Berichterstattung, auch, wenn es Auflage verspricht ... – Ist das eine große Gratwanderung?

▶ **Jan-Martin Wiarda, DIE ZEIT** „Im Alltag unserer Arbeit ist das eigentlich gar keine Gratwanderung, weil sich diese Frage uns direkt nicht so stellt. Für die Chefredaktion ist es insofern schon eine Gratwanderung, weil, wenn es darum geht, welche der Geschichten man als Titelgeschichte im Blatt verkauft, dann doch inzwischen deutlicher hingeschaut wird als früher, dass man eher eine populäre Geschichte als Titelgeschichte nimmt. Sehr gerne Medizingeschichten, sehr gerne irgendwelche Beratungsgeschichten, sehr gerne Dinge, die eher mit dem privaten Leben der Leser zu tun haben und ethische Geschichten werden eher seltener gedruckt, als es früher vielleicht noch war. Insofern kann man sagen, findet dort eine Form der Gratwanderung statt.

Diese empfinde ich aber als ethisch unproblematisch, weil es nicht heißt, dass andere Themen gewählt werden fürs Blatt, sondern es werden nur andere Themen als Titelgeschichte gespielt. Aber, es wird nicht so gedacht: ‚So wir müssen jetzt irgendwelche reißerischen Themen haben und die ins Blatt bringen'. Vielmehr schaut man aus dem großen Themenpotpourri, das es gibt, welches Thema könnte eine möglichst große Leserzahl ansprechen und dann landet man häufiger bei den weicheren Themen. Auch das heißt nicht, dass DIE ZEIT nicht oft genug politische Themen bringt, aber darauf wird inzwischen geachtet".

▶ Gibt es dadurch einen Wechsel der Leserschaft?

▶ **Jan-Martin Wiarda, DIE ZEIT** „Ich kann das jetzt nur aus meiner Beobachtung beantworten. Mein Eindruck ist, dass die Leserschaft von der Zusammensetzung her sehr stabil bleibt. Mein Eindruck ist auch, dass gerade die akademische Leserschaft sehr gerne auch sogenannte weiche Geschichten liest. Es ist nicht so, dass mit einem zunehmenden Maß an Bildung nicht auch weiche, human interest Geschichten weniger Leser finden. Ich habe den Eindruck, wenn man sich die wochenweise, verkauften Auflagen anschaut, ist schon der Trend zu merken, dass bestimmte weiche Themen, beispielsweise Medizinthemen, im Schnitt auch besser verkauft werden. Die Leser goutieren das durchaus".

► Nach der Krise der New Economy 2001 und der Finanzkrise 2008 sind die Medien nicht mehr dieselben wie vorher. Man kann sagen, Global Player wie beispielsweise Bertelsmann haben Sparstrategien entwickelt, sind zu ihrem Kerngeschäft zurückgekehrt. Es gab Entlassungen auf redaktioneller Ebene. Die Medien haben sich verändert: Medien arbeiten häufig nur noch mit Kernteams in Redaktionen. Was haben die Krisen in der Redaktion der Zeit bewirkt? Gibt es Einschnitte? Wie stellt sich heute Ihr Medium dar?

► **Jan-Martin Wiarda, DIE ZEIT** „Das kann ich für den Moment eigentlich mit einem klaren Nein beantworten, weil DIE ZEIT ihre große Krise in den Neunzigern hatte. Und seit ungefähr dem Jahr 2000 sie stetig steigende Auflagen hat und sich auch mit weiteren Produkten ZEIT CAMPUS, das Magazin für Studenten, ZEIT WISSEN, jetzt neu zum Beispiel ein Magazin für Kinder, sich breiter aufgestellt hat und wirtschaftlich extrem gesund ist. DIE ZEIT leidet entgegen dem Branchentrend überhaupt nicht. Es hat in den letzten zehn Jahren bei DER ZEIT auch einen enormen Stellenaufbau gegeben".

► In der Medienwissenschaft wird im Redaktionsalltag von einem Dualismus ausgegangen zwischen dem Unternehmen und den Aufgaben der Redaktion. Das sind zwei konträre Paar Schuhe. Die Zeit hat diesen Dualismus vor allem, als Marion Gräfin Dönhoff Chefredakteurin war, auch sehr schön beschrieben, wobei Gerd Bucerius als Unternehmer und Anteilseigner des Stern immer von der Nichtwirtschaftlichkeit der redaktionellen Arbeitsweise der Zeit-Redaktion ausging. Und Dönhoff dem vehement widersprach. Die Redaktionen haben ja den Auftrag, die Öffentlichkeit aufzuklären, unabhängig von den Interessen Dritter zu informieren und die Gewalten zu kontrollieren. Ist dieser Dualismus heute noch so in der Weise präsent oder schon längst aufgelöst, so dass Redaktionen nur noch die Rentabilität des Unternehmens bei der Berichterstattung im Blick haben?

► **Jan-Martin Wiarda, DIE ZEIT** „Ich glaube, der Dualismus ist bei jedem Medium präsent. Es ist so, dass auf der einen Seite die Journalisten stehen, die sagen, wir sind für die politisch und wirtschaftlich unabhängige Berichterstattung zuständig. Und auf der anderen Seite stehen die Geschäftsführer, stehen die Verlagsleiter, die natürlich darauf schauen müssen, dass diese unabhängige Berichterstattung auch wirtschaftlich überleben kann. Es kommt darauf an, wie diese beiden Interessen miteinander zum Ausgleich gebracht werden.

Es ist bei DER ZEIT niemals so, und ich glaube da steht DIE ZEIT auch relativ alleine, dass vom Verlag, von der Geschäftsführung in irgendeiner Weise inhaltlicher Druck ausgeübt wird, inhaltlich Einfluss genommen wird. Es ist aber durchaus so, dass, wenn man sich anschaut, welche neuen Produkte es gibt, ZEIT WISSEN, ZEIT CAMPUS, ich habe es eben schon erwähnt, die ganzen neuen Magazine, dass da vom Verlag die Initiative dahinter steht, zu sagen, wir müssen uns breiter aufstellen. Insofern würde ich sagen, was das Schaffen neuer Formate angeht, was das Vermarkten neuer Formate angeht, auch zum Beispiel, was neu hinzugekommen ist, sind sogenannte ZEIT-Konferenzen, wo zu bestimmten politischen oder wirtschaftlichen Themen Entscheidungsträger eingeladen werden – da wird einen Tag lang diskutiert – das alles sind Dinge, die neben der Imagepflege auch ein profitorientiertes Interesse haben. Aber der Unterschied ist: Die Sponsoren dürfen nie in die inhaltliche Ausrichtung solcher Konferenzen hineinreden. Und erst recht die journalistische Berichterstattung bleibt unberührt.

Umgekehrt gefragt: Findet eine unternehmerische Ausrichtung des Blattes als Ganzes in Bezug auf bestimmte Zielgruppen, in Bezug auf das Erschließen neuer Formate statt? Ja, eindeutig! Aber ich würde da nicht von einem Konflikt sprechen, ich würde von einem Nebeneinander sprechen, vor allem von einem großen Respekt, einer großen Zustimmung von Seiten der Geschäftsführung sprechen, was die Unabhängigkeit des Journalismus angeht. Weil ihr völlig klar ist, dass der Ruf der ZEIT davon abhängt".

▶ Die Jasmin-Revolution hat gezeigt, dass in Ländern, in denen keine echte Pressefreiheit existiert, die neuen sozialen Medien wie Facebook und Twitter eine Art Relaisfunktion übernehmen und sogar Bewegungen bündeln und Organisationsplattformen mit unterstützen können. Die social media sind in den arabischen Ländern ein wichtiges Sprachrohr für die Freiheit, besonders der Jugend. Denn, wenn man die politische Entwicklung nach dem Sturz der jeweiligen Diktatoren in Tunesien und Ägypten mit verfolgt, sieht die Zukunft trotz Jasmin-Revolution nicht unbedingt demokratisch aus. Sind die social media aus Ihrer Sicht eine Art Hüter für Demokratie?

▶ **Jan-Martin Wiarda, DIE ZEIT** „Ich würde sagen, dass die neuen Medien nicht verantwortlich dafür sind, dass eine Stimmung aufkommt, die irgendwie eine Revolution ermöglicht. Der Unterschied ist, dass es in der Vergangenheit häufiger solche isolierten Stimmungen gegeben hat, die dann eben nicht in Aktion umgesetzt worden sind, weil es die dafür nötige Vernetzung der Menschen nicht gab.

Ich würde sagen, dass die neuen Medien dort schon eine ganz wichtige Rolle spielen, um dem Einzelnen zu zeigen, wir sind nicht alleine, sondern wir sind viele. Und wir können über dieses Medium miteinander kommunizieren, wir können miteinander neue Aktionswege einschlagen und insofern denke ich, dass dies einerseits für die Organisation von Aktion andererseits auch für den Bericht über Aktion und damit die Motivation aus erfolgreichen Aktionen wiederum Neue zu entwickeln, dass dafür die neuen Medien extrem wichtig sind. Diese haben durch die Massenmedien, die sehr viel stärker auch auf die neuen Medien zurückgreifen, eine Stärkung erfahren. Und die Massenmedien können mit Hilfe der neuen Medien positiv einwirken, dass Revolutionen – nicht als Selbstzweck – aber da, wo sie nötig sind, auch vorankommen".

▶ Wie beurteilen Sie die Bedeutung von Facebook und Twitter in Deutschland? Helfen sie, die Funktion von Kritik und Kontrolle auch der deutschen Medien im demokratischen System besser wahrzunehmen?

▶ **Jan-Martin Wiarda, DIE ZEIT** „Ganz bedingt. Wir haben in Deutschland eine völlig andere politische Situation. Sicherlich ist es so, dass auch hier, wenn es mal um irgendwelche Demonstrationen und Aktionen geht, die Vernetzung durch die neuen Medien leichter ist. Aber für die Berichterstattung ist es eher so, dass die neuen Medien eine gewisse ‚Chaotisierung' bewirken, wie man vielleicht sagen könnte.

Ein gutes Beispiel sind Nachrichten-Websites, weil es überall jetzt diese News-Ticker gibt, wo dann sehr schnell Informationen, die aus irgendwelchen Diensten reingespielt werden, auftauchen. Und im Nachhinein stellt sich heraus, die Fakten stimmen nicht und lassen sich nicht bestätigen. Und das wäre früher nicht passiert, weil man langsamer agiert hätte. Man hätte erst mal überprüft, stimmt das, was da jetzt gemeldet wird? Und heute wird sehr schnell, was bei Facebook oder Twitter auftaucht, übernommen und da bricht leider die Qualität der Berichterstattung ein".

▶ In den USA ist die Tatsache unstrittig. Dort sind die Medien die Vierte Kraft im System. Das hängt mit der langen, ungebrochenen demokratischen Funktion des politischen Systems zusammen, aber auch mit der seit dem 19. Jahrhundert sich herausbildenden wirtschaftlichen Stärke der Medienunternehmen. In Deutschland konnten sich die Medien mit Gründung der Bundesrepublik nicht sofort als Vierte Kraft im System etablieren. Es musste erst eine Art Kulturwandel stattfinden, der auch mit der Spiegelaffäre und der daran anschließenden Politisierung der Medien einherging. Sind Ihrer Meinung nach die Medien heute eine echte Vierte Kraft neben der Legislative, Exekutive und Judikative im wiedervereinigten Deutschland?

▶   **Jan-Martin Wiarda, DIE ZEIT** „Mit den Einschränkungen, die ich anfangs erwähnt habe, dass eben der investigative Journalismus in Deutschland noch längst nicht so ausgeprägt ist wie in den USA. Ja, als Vierte Kraft in dem Sinne, dass die politische Kommentierung gerade durch überregionale Medien eine wichtige Rolle spielt, einen großen Einfluss auf die Tagespolitik ausübt, insofern ja. Wenn es darum geht, Skandale aufzudecken, Unregelmäßigkeiten festzustellen, im Sinne der von Ihnen erwähnten Spiegelaffäre würde ich sagen in Maßen, weil die Zahl der wirklich von Massenmedien aufgedeckten Skandale im Verhältnis zum internationalen Standard, ich meine vor allem im Verhältnis zum amerikanischen Standard, immer noch extrem gering ist. Ich würde sagen, ja vom Prinzip her, aber vor allem im Sinne einer Meinungsmacht, nicht so sehr im Sinne einer recherchierenden Macht".

1.4   Mediensysteme

Wenn man über Medien und den Beruf des Journalisten reflektiert, kommt man nicht umhin, die Besonderheiten des jeweiligen Mediensystems zu betrachten. Denn, es macht einen Unterschied, ob die Fragestellung auf die USA, Italien, Frankreich oder Deutschland bezogen wird. In Europa wie in den USA haben die Medien, die wir in diesem Buch als Massenmedien begreifen, die ihre wirtschaftliche und politische Bedeutung im 19. Jahrhundert im Zuge von Industrialisierung, Verstädterung und gesellschaftlicher Liberalisierung mit Informations- und Pressefreiheit erlangt haben, eine bedeutende historische Tradition.

Dabei ist es für die Erklärung der Entwicklung des deutschen Mediensystems nach dem Zweiten Weltkrieg unerlässlich, die wichtigsten internationalen Einflussfaktoren zu beleuchten. Deshalb werden im Folgenden besonders das US-amerikanische Mediensystem wie auch das französische Mediensystem betrachtet, da beide Systeme nicht nur strukturell, sondern auch verfassungsrechtlich für das deutsche Mediensystem nach 1945 prägend waren.

1.4.1 US-Mediensystem

Die Vereinigten Staaten gingen im Ursprung aus dreizehn britischen Kolonien hervor. Sehr früh schon gerieten die Siedler in Konflikt mit dem britischen Empire, dem Mutterland, in der Frage der Erhebung von Steuern. Diese erhöhte das Mutterland vor allem nach dem Indianerkrieg von 1754 bis 1763. Protestaktionen lösten besonders die Steuern auf Stempel, Zucker und Tee aus, von denen die bekannteste die Boston Tea Party ist. Hierbei zerstörten die Kolonisten 1773 im Hafen von Bosten die Teelieferungen der Schiffe der Est India Company. Um separatischen Tendenzen vorzubeugen, erhöhte London die Zahl der vor Ort stationierten Soldaten. Doch der Unabhängigkeitsprozess war unausweichlich. 1778 erklärten die Kolonisten ihre Unabhängigkeit und zwangen das Mutterland kurz darauf 1783, im Rahmen des Pariser Friedens, zur Anerkennung ihrer staatlichen Souveränität.

Zeitungen spielten bereits in der Phase des Unabhängigkeitsprozesses eine beträchtliche politische Rolle. Dabei gab es Zeitungen, die vorbehaltlos die Kolonialpolitik des Mutterlandes unterstützten, da eine gegenteilige Berichterstattung unter Strafe gestellt wurde und zur Schließung der Redaktion geführt hätte. Andere Zeitungen hingegen hoben sich bereits durch einen eigenen originellen Sprachstil von den gegenüber England loyalen Zeitungen ab und veröffentlichten Berichte, die sie an die Grenze der Legalität brachten. Zur reinen Unterstützung der politischen Anliegen der Revolutionäre kam es besonders mit der Gründung patriotischer, amerikanischer Zeitungen zum Ende des 18. Jahrhunderts.

Auch die US-amerikanische Verfassung, die zwischen 1787 und 1789 konzipiert wurde, verweist auf die Printmedien als konstitutives Element einer funktionierenden Demokratie. Denn in der „Bill of Rights" wurde bis heute unverändert ein Grundrechtskatalog integriert, der die Pressefreiheit im ersten von zehn Zusatzartikeln (First Amendment) 1791 als höchst bedeutend definiert[12]. Darin wird die Unantastbarkeit der Rede- und Pressefreiheit festgelegt, indem die amerikanischen Verfassungsväter dem Kongress verboten, auf die Presse per Gesetz einzuwirken[13]. „Der Kongress darf kein Gesetz erlassen, das die Einführung einer Staatsreligion zum Gegenstand hat, die freie Religionsausübung verbietet, die Rede- oder Pressefreiheit oder das Recht des Volkes einschränkt, sich friedlich zu versammeln (…)".[14] Die Tatsache, dass die USA konsequent die Pressefreiheit konstitutionell verankerten, führte zur Herausbildung eines modernen US-amerikanischen Pressewesens, das in vielerlei Hinsicht Strahlkraft auf die Medien weltweit ausübt.

---

[12] Vgl. hierzu Kleinsteuber (2004/2005, S. 1081).

[13] Ibidem.

[14] Vgl. den Verfassungstext der USA, http://usa.usembassy.de/etexts/gov/gov-constitutiond. pdf.

Dabei wird die starke Stellung der Presse in der Demokratie anhand der Möglichkeit, investigativ zu berichten, beurteilt. Konnte sie sich mit Beginn der Demokratiebildung ganz frei entwickeln, wie dies in den USA der Fall war, ist der Stil des investigativen Journalismus sehr ausgeprägt und stark in den Medien vertreten.

1.4.2 Ursprünge des amerikanischen investigativen Journalismus

Die besondere Stellung der US-amerikanischen Printmedien förderte schon bald das Bild von der „Fourth Branch of Government", der Vierten Macht im Staat, zutage, die über die Legislative, Exekutive und Judikative hütet und wacht. Vor allem die Zeitungen, die unter dem Einfluss Joseph Pulitzers (1847–1911) waren, dessen Person bis heute symbolisch für Qualitätsjournalismus in den USA steht, berichteten zum Ende des 19. und Beginn des 20. Jahrhunderts investigativ und unter Berücksichtigung ethischer Gesichtspunkte. Dabei wurden Themen von politischer und sozialer Relevanz in den Blickpunkt der Öffentlichkeit gehoben und Missmanagement, Amtsmissbrauch, Klüngelwirtschaft, Bestechung sowie Korruption in Wirtschaft und Verwaltung aufgedeckt. Besonderheit der investigativen Recherche ist es, dass Informanten bei der Informationsbeschaffung entgegen den Interessen Dritter[15] eine aktive Rolle spielen.

Der investigative Journalismus steht ganz im Gegensatz zum Sensationsjournalismus, der das Privatleben von Prominenten bekannt macht und mit Sensationen Auflage steigern will. Die Grundlagen für die erste amerikanische Boulevardpresse legte der spätere Gegenspieler zu Pulitzer William Randolph Hearst (1863–1951) mit seiner One-Penny-Press, die auf Schnellpressen gedruckt wurde[16]. Die ersten Boulevardblätter, zu denen die Zeitung „The Sun" gehörte, kosteten 6 US-Cents und richteten sich nicht an die Bildungsschicht, sondern an ein breites Publikum. Sie titelten mit sogenannten „Human-Interest-Themen" und erreichten die Massen durch eine mit Übertreibungen und Schwarz-Weiß-Malerei gespickten Sprache.

Joseph Pulitzer, Sohn eines ungarisch-jüdischen Kornhändlers, kam 1864 mit der Registrierung für die US-Unionsarmee im Amerikanischen Bürgerkrieg (1861–1865) über Bosten in die USA. Zuerst verdingte er sich mit allerlei Gelegenheitsarbeiten (Kofferträger), bevor er 1867 die amerikanische Staatsbürgerschaft erhielt. Nach dem Jurastudium schrieb er zunächst für die deutschsprachige „West-

---

[15] Vgl. hierzu Ludwig (2007, S. 20).
[16] Vgl. hierzu Kleinsteuber (2007, S. 247).

liche Post" in St. Louis. 1883 erwarb er die angeschlagene „New York World", die unter seiner Leitung innerhalb von 10 Jahren zu einer der bedeutendsten Zeitungen einflussreichsten Zeitung im Land (Auflage 600.000) wurde. Bei der „World" kombinierte er investigative Recherche gegen politische Korruption mit Sensationsjournalismus, um Lesermassen zu gewinnen. Gekonnt kreierte Pulitzer einen eigenen Zeitungsstil, der Unterhaltung mit Information verband, indem er eine Comicseite, eine Modeseite für Frauen und eine Sportseite einführte.

Mit Beginn des Spanisch-Amerikanischen Krieges (1897–1898) trat Pulitzer jedoch in einen erbitterten Konkurrenzkampf mit Hearst, der 1895 in den New Yorker Zeitungsmarkt eingestiegen war und dabei einige der besten Reporter des „World" für sein „New York Morning Journal" abgeworben hatte. Bereits beim „San Francisco Evening Examiner" hatte der Sohn eines erfolgreichen Goldsuchers, spätere Harvard-Absolvent und Verleger Hearst die Grundlagen für den amerikanischen Sensations- bzw. Boulevardjournalismus oder „yellow journalism" gelegt. Hearst gewann seine Leser mit Pseudo-Wissenschaftsthemen, Sensationsnachrichten in Farbe und auf Glanzseiten sowie ansprechenden Überschriften. Bei der Berichterstattung über den Amerikanisch-Spanischen Krieg stach Hearst mit unehrlichen und übertriebenen Reportagen hervor, um Ressentiments gegenüber Spanien aufzubauen.

Doch Pulitzer besann sich in dem gegenseitigen Wettbewerb in der Krisenzeit bald eines Besseren und änderte den Zeitungsstil, indem er auf die Qualität investigativer Recherche zurückgriff, unabhängig von der Prämisse des wirtschaftlichen Erfolgs. Seiner Ethik Folge leistend war er später auch an der Gründung der „Columbia School of Journalism" wesentlich beteiligt, die für viele andere Journalistenschulen beispielgebend wurde. In seinem Testament vermachte Pulitzer 2 Mio. $ für die Gründung einer Journalistenschule und die Verleihung eines Journalistenpreises. Als 1912 die „Columbia University" in New York gegründet wurde, vergab sie auf ihrem Campus erstmals 1917 den renommierten Pulitzer-Preis[17], eine inzwischen jährlich fortgesetzte Tradition, mit der seriöser Journalismus gewürdigt wird.

1.4.3 Königswege in den USA

Die meisten amerikanischen Journalisten sind Absolventen der Journalistenschulen, die unter Einbeziehung erheblicher Praxisanteile ausbilden, was durch den Betrieb hauseigener Radio- und Fernsehstationen sowie eigener Tageszeitungen

---

[17] Vgl. hierzu: http://www.pulitzer.org/citation/2011-Investigative-Reporting.

ermöglicht wird. Dazu stehen Themen der Ethik, Recht, kreatives Schreiben, li-
terarische Kritik und Rhetorik, neue Formen des Online-Journalismus, Preisver-
leihungen (Awards)[18] sowie das journalistische Selbstverständnis auf dem Lehrpro-
gramm[19]. Das Gros der arbeitenden Journalisten in den USA hat sich folglich über
den Königsweg der Journalistenschulen im Journalistenberuf etabliert.

Doch auch in den USA trifft man auf Ausnahmen der Regel. Eine solche bekannte Ausnahme ist die zweifache Pulitzer-Preis-Trägerin und Journalistin Dana
Priest. Sie arbeitet seit 20 Jahren für die „Washington Post". 2006 erhielt sie erstmals den Pulitzer-Preis, als sie über investigative Recherche aufdeckte, dass die CIA
Terrorverdächtige in Gefängnissen außerhalb der USA festhielt. Zwei Jahre später
wurde ihr erneut der renommierte Preis verliehen, als sie die miserablen Zustände
für Kriegsveteranen im Walter-Reed-Militärkrankenhaus in Washington D.C. aufdeckte.[20] Wie sie selbst von sich erzählt, besuchte Dana Priest nie einen Journa-
listenkurs und empfiehlt auch keine Journalistenschule als berufliche Grundlage.
Nach ihrer Auffassung sind allein einige Grundsätze und viel praktische Erfahrung
in Zusammenarbeit mit erfahrenen Redakteuren nötig. „Man braucht eine Art zu
denken und eine journalistische Ethik, und die lernt man, wenn man unter erfahrenen Journalisten arbeitet"[21], so Priest. Die pragmatische Denkart der Journalistin
knüpft an die Tradition der Zeitungsverleger der ersten Stunde in den USA an, die
alles selfmade Männer waren und über ihre journalistische Praxis wie den wirtschaftlichen Erfolg den amerikanischen Journalismus wie auch den Printmedien-
markt prägten.

Der so viel zitierte Königswegs ist somit auch in den USA nicht das einzige
Sprungbrett auf der Karriereleiter im Journalismus. Der in den Medien sichtbar
werdende Spagat zwischen Autodiktaten und Absolventen der besten Journalistenschulen lässt selbst bei den traditionsreichen Medienunternehmen Raum für pluralistische Strukturen.

1.4.4 Grandfathers Zeitschriften

Obgleich die USA als junge Demokratie im Vergleich zu Frankreich und Großbritannien gelten, gehen die Magazine auf die Ur-Urgroßvaterzeit zurück. Die erste

---

[18] Vgl. hierzu die Liste der besten amerikanischen Journalistenschulen mit ihrem Lehrpro-
gramm unter: http://www.squidoo.com/bestjschools.

[19] Kleinsteuber (2007, S. 248).

[20] Vgl. den taz-Artikel: „Man muss nicht zur Journalistenschule", vom 7.10.2010.

[21] taz, 7.10.2010, a. a. O.

Zeitschrift „Poor Richard's Almanack" erschien in Amerika bereits 1732. Im 19. Jahrhundert reihten sich dann eine ganze Palette von Zeitschriften aneinander, die mit bunten Illustrationen und Fotos im Layout hervorstachen[22]. Einige von ihnen sind schon mehr als 100 Jahre am Medienmarkt vertreten, darunter „Harper's Monthly", das heute unter dem Titel „Harper's Magazine" aufgelegt wird. 1850 erschien das Magazin mit einer Auflage von 7.500 Exemplaren, die kurz darauf ausverkauft waren. Seine Sparten sind Politik, Gesellschaft, Umwelt und Kultur. Das Magazin ist eine Unternehmenstochter der bekannten New Yorker Buchverlagsgesellschaft „Harper & Brothers" und begeistert bis heute seine Leser mit Fiktion, Reportagen und Essays. Die ersten Themen kamen aus dem Mutterland England, aber bald schon emanzipierte sich die Unternehmensleitung von England und veröffentlichte berühmte amerikanische Schriftsteller wie u. a. Mark Twain, Jack London oder Herman Melvilles Novelle Moby-Dick.

1923 wurde dann das „Time Magazine" von Henry Luce – bedeutender US-amerikanischer Verleger und Sohn eines Missionars – zusammen mit Briton Hadden in New York gegründet. Hadden und Luce kannten sich aus der Yale-Studentenverbindung. Das „Time Magazine", das schnell eine bedeutende Rolle in der amerikanischen Presselandschaft einnahm, avancierte auch durch die jährliche Wahl der *Person of the Year* (seit 1927, damals unter dem Titel *Man of the Year*) sowie seine vorbildhafte Berichterstattung zur weltweit gelesenen Zeitschrift. Seinen stärksten Konkurrenten fand es in dem internationalen Magazin „Newsweek". Das „Time Magazine" erscheint jährlich in vier Ausgaben mit einer Gesamtauflage von mehr als 5 Mio. Exemplaren. Für die Gründung des Spiegels in Deutschland nach dem Zweiten Weltkrieg waren allerdings beide Magazine beispielgebend.

Vorbildfunktion hatten die USA auch im Hinblick auf die Rundfunkentwicklung. Die ersten regelmäßigen Radiosendungen wurden bereits 1919, mit Stationen in Detroit und Pittsburgh, ausgestrahlt. Als der Hörfunk in Deutschland 1923 eingeführt wurde, gab es in den USA bereits 500 Sender. Die Sender finanzierten sich von Anfang an über den Verkauf von Werbung und waren damit ebenso wie die amerikanische Zeitungs- und Zeitschriftenlandschaft wirtschaftlich unabhängig. Inzwischen gibt es drei große Network-Gesellschaften, die das Programmangebot im Rundfunk (auch des Fernsehens) beherrschen: NBC – die National Broadcasting Company, die CBS – das Columbia Broadcasting System und die ABC – die American Broadcasting Company. Für den Rundfunk gilt, dass auch nur die Programme im Angebot bleiben, die von Werbeeinnahmen getragen werden. Die Gesamteinnahmen der Rundfunkunternehmen aus Werbung wurden 2001 auf 57,3 Mrd. US$

---

[22] Vgl. Kleinsteuber (2004/2005 – Mediensysteme außerhalb Europas, S. 1084).

beziffert. Davon trägt das Fernsehen einen Anteil von 38,9 Mrd. US$.[23] Als Besonderheit des US-Mediensystems zeichnet sich damit die solide wirtschaftliche Basis und Unabhängigkeit (rechtlich, politisch, ökonomisch) der wichtigsten Medien Print, Rundfunk und Online am Markt ab.

1.4.5   Internet aus den USA

Zur Strahlkraft der US-Medien auf die Mediensysteme in der Welt gehört auch die Geschichte des Internets, die in den USA ihren Ursprung hat. Obgleich das Internet in vielen begrifflichen Analogien auftaucht, auch häufig gleichgesetzt mit den neuen sozialen Medien Facebook und Twitter, gibt es eigentlich unter Computerexperten nur eine anerkannte Definition: Unter Internet wird das weltweite System von miteinander vernetzten Netzwerken und Computern bezeichnet.

Für Militärcomputer hatte das Pentagon, der Hauptsitz des US-amerikanischen Verteidigungsministeriums in Washington, 1969 das ARPA-NET, Pentagon's Advanced Research Projects Agency Network, in Auftrag gegeben. Dieses Netz sollte zu rein wissenschaftlichen und nicht militärischen Zwecken dienen. Zu dem Zeitpunkt war es auch noch nicht das erklärte Staatsziel der USA, alle US-Haushalte darüber zu vernetzen[24]. Nachdem dieses in den siebziger Jahren auch von öffentlichen Einrichtungen, Universitäten (Stanford University) und Forschungseinrichtungen genutzt wurde, kam zu Beginn der neunziger Jahre mit der Initiative des Vizepräsidenten Al Gore die Idee auf, das Netz für alle US-Bürger verfügbar zu machen. Al Gore ließ 1993 die Internationale Informations-Infrastruktur einrichten, um tragbare Netze zu schaffen die Daten in hoher Geschwindigkeit (Highspeed) an vernetzte Computer übertragen konnten[25]. Darüber entwickelten sich die Online-Dienste, die bereits 2002 von mehr als 50 % der amerikanischen Bevölkerung genutzt wurden.

Auch das französische Mediensystem hat aufgrund seiner langjährigen Demokratie- und Medientradition, die in der vergleichbar starken Stellung des Präsidenten im Staat ähnlich wie in den USA gipfelt, Vorbildfunktion für deutsche und europäische Medien. Charakteristikum des französischen Mediensystems ist es zudem, dass der französische Präsident auf die Mediengesetzgebung sowie die Programmgestaltung des Rundfunks nachhaltigen Einfluss übt.

---

[23] Kleinsteuber (2004/2005, a. a. O., S. 1087).

[24] Vgl. hierzu auch die Geschichte des Internets unter: http://www.nethistory.info/History%20of%20the%20Internet/beginnings.html.

[25] Kleinsteuber (2004/2005, a. a. O., S. 1091).

1.4.6 Französisches Mediensystem

In zentralistischen Staatssystemen wie in Frankreich scheint der Weg in den Journalistenberuf eher geradlinig zu verlaufen, lässt doch das, an Napoleon Bonaparte angelehnte Verwaltungssystem den Newcomern keinen großen Spielraum. Die besten Schulen und Zeitungen wie „Le Monde (diplomatique)", „Le Figaro" und „Libération" zentrieren sich auf die Hauptstadt Paris und zeichnen den Interessenten den Weg vor entweder über die politische Kaderschmiede, die bereits u. a. der ehemalige Staatspräsident Jacques Chirac absolviert hat, im französischen Volksmund „Sciences Po" genannt, dem „Institut d'Etudes Politiques de Paris" mit integriertem Medienstudiengang oder über die Journalistenschulen in Paris. Allen *Grandes Ecoles* gemeinsam sind strenge Zulassungs- und Selektionskriterien, die bei den Studienanfängern meist im Alter von 18 Jahren ein hohes Maß an Allgemeinbildung voraussetzen. Diese wird kurz nach dem Abitur in den sogenannten Vorbereitungsklassen *classes préparatoires* erarbeitet, um die anspruchsvollen Einstellungstests an den Eliteschulen für Politikwissenschaft, Soziologie und Wirtschaft oder Journalistenschulen zu bestehen. Ziel, ganz im Sinne Napoleons und de Gaulles, ist es, über diese Privat-Schulen eine Elite für unterschiedliche Funktionen im Staatsdienst (*service d'état*)[26] auszubilden, die in der Folge entweder die Beamtenelite des Staates, die Politikerelite in den Spitzenfunktionen der politischen Parteien oder die Journalistenelite in den Medien verkörpert. An diesen höheren Kaderschulen führt kaum ein Weg vorbei. Vom Zentrum aus pflanzen sich die Verästelungen des Pariser Bildungssystems sowie seiner Eliten in die französischen Regionen fort.

Im europäischen Vergleich zeichnen sich die französischen Medien zwar als krisenfester, nicht aber resistenter gegenüber Veränderungen aus. Diese Besonderheit im französischen Mediensystem kann wie in den Vereinigten Staaten auch mit einer langen Mediengeschichte begründet werden. Die Meinungsfreiheit wurde zwar schon 1789, in der Französischen Revolution, eingeführt, doch die Redefreiheit sowie die Freiheit zu drucken und zu veröffentlichen wurde erst hundert Jahre später, im Pressegesetz vom 29. Juli 1881, festgeschrieben. Die für die französische Presse wichtigste konstitutionelle Grundlage beseitigte gleichzeitig die bestehende Zensur und herrschende Genehmigungsprozeduren[27]. In Frankreich entwickelte sich die kommerzielle Presse kurz vor dem Ersten Weltkrieg. Das Pressegesetz, das in seinem Tenor bis heute kaum geändert wurde, erlegt den Presseunternehmen zusätzlich die Pflicht auf, über Verstöße (Beleidigung des Präsidenten der Republik,

---

[26] Vgl. zu den Grundlagen des französischen Staatssystems auch Hangen (2005, S. 25 ff., 279 ff.).

[27] Vgl. hierzu Miège (2004/2005, S. 304).

Sittenverstöße, Publikation falscher Informationen, Angriff der persönlichen Ehre, Verleumdung von Privatpersonen) gegen die Pressefreiheit selbst zu wachen. Die französische Presse galt bereits zu Beginn des 20. Jahrhundert als sehr fortschrittlich, da die kommerzielle Presse frühzeitig erfolgreich war und bereits 1911 40 % der Leser erreichte. Zudem verfügte Frankreich vor der Besatzung durch die Deutschen über ein duales Rundfunksystem aus staatlichen und privaten Rundfunksendern. Da diese allerdings von den Deutschen benutzt und einige Sender auch kollaboriert hatten, erließ der französische Staat nach der Befreiung Frankreichs durch Général de Gaulle 1944 ein Staatsmonopol für Hörfunk und Fernsehen, das ab 1949 bei den Übertragungen spürbar wurde[28]. Das Sendemonopol, das zwischen 1959 und 1974 in staatlicher Hand war, wurde erst in der Amtszeit von Giscard d'Estaing und später François Mitterrand mit den Gesetzen vom 7. Aug. 1974 und vom 29. Juli 1982 gelockert. Letzteres sah eine Regulierungsbehörde vor, die die Programme der privaten Sender lizensieren und regulieren sollte[29]. Dabei behielt der Staat allerdings die Oberhand über die Kontrolle der Sendernetze. Diese wurde weitergehend aufgeweicht mit den Folgegesetzen vom 30. Sept. 1986, in dem die Option eröffnet wurde, dass öffentliche Sender auch privatisiert werden durften sowie dem Gesetz vom 17. Jan. 1989, das den Conseil Supérieur de l'Audiovisuel (CSA), eine mit umfassenden Aufgaben versehene neue Regulierungsbehörde, vorsah. Diese übte nun die Kontrolle über die Privatsender sowie die Aufsicht über den öffentlichen Rundfunk aus[30].

Der kurze Überblick über zwei wichtige Mediensysteme, die sich aufgrund der von Revolutionen früh zuerkannten Pressefreiheit in Frankreich und den USA stark ausprägten und einen nachhaltigen Einfluss auf das deutsche Mediensystem nach 1945 ausübten, wirft eine grundsätzliche Frage auf; die Frage, welche Rolle die Pressefreiheit in Europa spielt?

1.5 Bedeutung der Pressefreiheit in Europa

Wie Siegfried Weischenberg[31] richtig anmerkt, ist die Pressefreiheit in Europa kein statischer Begriff. Gemeinsam ist allen Ländern, in denen die Pressefreiheit frühzeitig Bedeutung erlangte, dass als Maßstab für den Grad der Pressefreiheit das

---

[28] Miège (2004/2005, S. 305, a. a. O.).

[29] Ibidem.

[30] Ibidem.

[31] Vgl. hierzu die Abhandlung Weischenbergs zur Entwicklung der Pressefreiheit in Europa und in den USA. Weischenberg (2004, S. 122 ff.).

Maß an sozialer und politischer Kontrolle durch staatliche Ordnungen gilt. Unbestritten ist hierbei die Tatsache, dass die Anerkennung der Pressefreiheit im Europa des 19. Jahrhunderts vom Geist der Aufklärung im Unterschied zur monarchistischen Bevormundung getragen war. So haben revolutionäre Kräfte für Rede- und Pressefreiheit gekämpft mit der Einsicht, dass humanistischer Fortschritt allein durch freien Meinungsaustausch, durch Rede und Gegenrede und nicht durch die diktierte Wahrheit der Herrschenden erreicht werden könne. Doch in jedem Land bedeutete Pressefreiheit etwas anderes.

In Frankreich wird Pressefreiheit mit der Freiheit des Individuums vor Eingriffen des starken Staates assoziiert. Also die negative Freiheit zum Schutz der Privatsphäre gegenüber der Staatsgewalt. In Großbritannien und den USA wird die Pressefreiheit schlicht als die funktionale Voraussetzung für eine demokratische Gesellschaft, das Gemeinwesen, die res publica[32], gedeutet.

1.5.1 Der deutsche Sonderweg

Nach den Karlsbader Beschlüssen vom August 1819, die gravierende Einschränkungen vor allem für die Presse und Universitäten als Wirkungsstätten für Aufstände und das geistige Leben beinhalteten, ging es in der Zeit des Vormärz zwischen 1830 und 1848, also noch vor der 48er Revolution, den radikalen Publizisten, darunter Juristen, um den Aufruf zur „National-Versammlung", zur Republik im Unterschied zur Monarchie. Studenten in Koalition mit der Bildungsschicht und den Bauern riefen zur Freiheit und Opposition gegenüber den Obrigkeiten auf[33]. Der Deutsche Bund antwortete jedoch auf die freiheitlich gesinnte Bewegung mit Repression zur Aufrechterhaltung der gesetzlichen Ruhe und Ordnung. Die Zensur wurde verschärft und die freie Rede überwacht.

Vom Geist der Revolution in Paris im Februar 1848 getragen – Frankreich wurde wieder Republik – entstand die Paulskirchenverfassung von 1848 mit einem ausgedehnten Menschen- und Grundrechtskatalog, wobei die Pressefreiheit in § 143 mit dem „(…) Recht, durch Wort, Schrift, Druck und bildliche Darstellung seine Meinung frei zu äußern"[34] garantiert wurde. Erstmals wurde in der Geschichte Deutschlands die (äußere) Pressefreiheit (gegenüber den Eingriffen des Staates)

---

[32] Weischenberg (2004, S. 123/124).

[33] Vgl. Frotscher und Pieroth (2007, S. 126–129).

[34] Vgl. hierzu den Verfassungstext der Paulskirchenversammlung in Frotscher und Pieroth (2007, a. a. O., S. 167).

vollends hergestellt und dabei jede Art von „(...) Censur, Concessionen, Sicher-
heitsbestellungen, Staatsauflagen (...)"[35] untersagt.

Als die wirtschaftlichen Zeitungsunternehmen mit Entwicklung der Schnell-
presse, der Zeilensetzmaschine und 1880 dem Telefon als Kommunikations- und
Recherchemittel für Journalisten an Lesermasse und Auflage gewannen, addier-
te sich zur Forderung der Pressefreiheit auch der Freiheitsdrang, die Printmedien
auch unter wirtschaftlichen Gesichtspunkten zu nutzen. Deutsche Journalisten wie
der Reichsverband der Deutschen Presse (RdP) setzten sich 1924[36] jedoch erfolglos
für ein Journalistengesetz ein, das die innere (redaktionelle Freiheit gegenüber dem
wirtschaftlichen Kalkül der Verleger) Pressefreiheit schützen sollte. Aus diesem
historischen Blickwinkel erklärt sich der bis heute praktizierte Dualismus zwischen
Redaktion und Verlagsunternehmen in den deutschen Medien.

1.5.2   Pressefreiheit im deutschen Mediensystem

Seit der vorübergehenden, erstmaligen Einführung der Pressefreiheit während der
1848er Revolution war das deutsche Mediensystem von stetigen Brüchen gekennzeichnet. Am 7. Mai 1874 trat zwar das Reichspressegesetz in Kraft. Es schaffte aber
einzig die Vorzensur aus der Phase des Vormärz der Presse ab. Die Nachzensur
blieb jedoch erhalten, wobei die geltenden Strafgesetze als Maßstab dienten. In der
Weimarer Republik wurde zwar die Meinungsfreiheit im nachgestellten Grundrechtskatalog in Art. 118 der Weimarer Verfassung gewährt, „jedoch einzig innerhalb der Schranken der allgemeinen Gesetze"[37]. Der Verfassungstext vom 11. Aug.
1919 weist aber nicht explizit auf die Pressefreiheit als geltendes Recht hin. Die
Behörden konnten die Gesetze dazu nutzen, die Presse unter Druck zu setzen oder
sogar Zeitungsverbote zu erlassen[38].

Mit den Bücherverbrennungen vom 10. Mai 1933 in vielen deutschen Städten
setzten die Nationalsozialisten auf kulturellem Gebiet ein unverkennbares Signal.
Zum Aufbau des totalitären Staatswesens unter dem Vorzeichen der nationalsozialistischen Ideologie gehörte die Beseitigung der Meinungs- und Redefreiheit sowie
der Pressefreiheit. „(...) für Hitler waren Presse und Rundfunk etwas, durch das er
seine ganze Verachtung für Andersdenkende zum Ausdruck bringen konnte oder

---

[35] Ibidem.
[36] Weischenberg (2004, S. 127, a. a. O.).
[37] Vgl. Blanke (2003, S. 265–266).
[38] Weischenberg (2004, a. a. O., S. 127).

allenfalls Trommeln für Propaganda-Unternehmen"[39]. Das Schriftleitergesetz vom 4. Okt. 1933, das Lichtspielgesetz vom 16. Feb. 1934 sowie das Theatergesetz vom 15. Mai 1934 zielten dann auf die propagandistische Lenkung des Medien- und Kulturbetriebs ab[40]. Die Journalisten wurden ideologisch und politisch gleichgeschaltet. Die Berichterstattung der Printmedien erfolgte vom „Standpunkte der Partei aus"[41]. Mit Inkrafttreten des Schriftleitergesetzes vom 1.1.1934 wurde dann die Zulassung zum (vorher Journalisten-), (ab 1934) Schriftleiterberuf mit Hilfe von Berufslisten, die bei den Landesverbänden der deutschen Presse vorlagen, gesetzlich kontrolliert. Juden wurden im Zuge der zunehmenden Entrechtung sowie der Rassenbestimmungen im Schriftleitergesetz von der Ausübung der journalistischen Tätigkeit in Zeitungen und Zeitschriften ausgeschlossen[42].

Grundsätzliches Ziel des Reichsministers für Volksaufklärung und Propaganda Joseph Goebbels war es, die Presse zum „Klavier" der Regierung und „Massenbeeinflussungsinstrument"[43] zur Durchsetzung der Rassengesetze, der Kriegsziele und letztlich des Holocausts zu machen. Linke Verleger, Journalisten der kommunistischen und sozialdemokratischen Presse sowie der Gründer des deutschen Rundfunks Hans Bredow kamen sukzessive in Gefängnisse und Konzentrationslager. Hans Bredow legte am Tag der Ernennung Hitlers zum Reichskanzler sein Amt als Reichskommissar für das deutsche Rundfunkwesen nieder. Daraufhin wurden seine Bezüge gesperrt. Schließlich wurde er zusammen mit dem Intendanten der Berliner Funkstunde, Flesch, dem ehemaligen Rundfunkreporter Alfred Braun, dem ehemaligen Direktor der Reichsrundfunkgesellschaft, Magnus, in Schutzhaft genommen und in das Konzentrationslager Oranienburg eingeliefert[44]. Mit Rückblick auf die Geschichte Deutschlands war unter der Herrschaft der Nationalsozialisten die finsterste Stunde der deutschen Presse angebrochen.

Nach der Kapitulation[45] ordneten die Alliierten die deutsche Medienlandschaft nach demokratischen Gesichtspunkten neu. Mit Kriegsende ging es den Sieger-

---

[39] Vgl. Wulf (1964, S. 9).

[40] Vgl. Frotscher und Pieroth (2007, S. 320).

[41] Wulf (1964, S. 70).

[42] Vgl. das Schriftleitergesetz vom 4. Okt. 1933. In: Wulf (1964, a. a .O., S. 72–73).

[43] Vgl. Wulf (1964, a. a. O., S. 209).

[44] Vgl. hierzu die Dokumente, „Der Fall Hans Bredow" sowie die Nachricht in der Königsberger Hartungsche Zeitung vom 8.8.1933 mit der Überschrift „Rundfunksünder ins Konzentrationslager". In: Wulf (1964, S. 280–284).

[45] Vgl. hierzu die Kapitulationsurkunde vom 8. Mai 1945. „1. Wir, die hier Unterzeichneten, die wir im Auftrage des Oberkommandos der Deutschen Wehrmacht handeln, übergeben hiermit bedingungslos dem Obersten Befehlshaber der Alliierten Expeditionskräfte und gleichzeitig dem Oberkommando der Roten Armee alle gegenwärtig unter deutschem Be-

mächten zunächst um eine Ausschaltung aller deutschen Pressedienste, den Gebrauch alliierter, amerikanischer, britischer und französischer Nachrichtendiens-
te und den Übergang jener auf deutsche Informationsdienste unter der Kontrolle
der Alliierten. Bis zur Aufhebung der Lizenzpflicht 1949 durften einzig Deutsche,
die eine Lizenz der Alliierten erhalten hatten, Publikationen herausgeben[46]. Das
deutsche Mediensystem in der heutigen Gestalt bildete sich wesentlich nach dem
Zweiten Weltkrieg heraus. Dessen pluralistische Ausprägung wäre ohne die Neu-
konzeption der Grundrechte nicht denkbar gewesen.

   Im Unterschied zur Weimarer Republik hat der Herrenchiemsee-Konvent die
Grundrechte an die Spitze der Verfassung gerückt. So kam es den Vertretern des
Verfassungskonvents nicht auf die Menge der Grundrechte wie zuvor in der Weimarer Verfassung an. Vielmehr setzten die Verfassungsväter die Priorität auf ein
mit den Grundrechten geschaffenes Wertesystem. An dessen erste Stelle wird als
Antwort auf das Unrechtsregime des Nationalsozialismus die Garantie der Menschenwürde in Art. 1, Abs. 1 des Grundgesetzes zusammen mit speziellen Diskri-
minierungsverboten des Art. 3 GG gesetzt[47]. Zudem geht es neben dem Schutz
der individuellen Freiheit um die Funktion aller Grundrechte als Abwehrrechte des
Einzelnen gegenüber der Staatsgewalt, um im Zeichen einer funktionalen Demokratie auch die politische Freiheit zu schützen. So ist Art. 5 GG, das die Meinungs-,
Informations- und Pressefreiheit festlegt, nicht rein als Abwehrrecht, sondern als
objektives Prinzip zu interpretieren, welches die freie Meinung, die freie Presse, den
freien Rundfunk im Gemeinwesen der Bundesrepublik gewährleisten soll.[48] Das
Grundgesetz schlägt damit den inhaltlichen Bogen zwischen der Bedeutung der
Pressefreiheit in der französischen (individuelles Abwehrrecht) und anglo-amerikanischen Verfassung (funktionale Voraussetzung für das demokratische Gemeinwesen). Dies natürlich nicht ganz ohne Einschränkungen[49], die im Strafgesetzbuch
sowie in den Landespresse- und Landesmediengesetzen der Länder festgeschrieben sind.

---

fehl stehenden Streitkräfte zu Lande, zu Wasser und in der Luft." zitiert nach Frotscher und
Pieroth (2007, A. a. O., S. 343).

[46] Vgl. hierzu Dreier (2004/2005).

[47] Vgl. zum demokratischen Neubeginn in der Zeit von 1945 bis 1949 und zu den wesentlichen Strukturmerkmalen des Grundgesetzes: Frotscher und Pieroth (2007, A. a. O., S. 398–
400).

[48] Ibidem, S. 400.

[49] Hierzu gehören der Verunglimpfungs-Paragraph des Strafgesetzbuches (§ 90), der Volks-
verhetzungs-Paragraph des Strafgesetzbuches (§ 130), das Gesetz über die Verbreitung ju-
gendgefährdender Schriften, verschiedene Wettbewerbsgesetze, Gesetze und Ordnungen die
Post betreffend, das Personalvertretungsrecht von Bund und Ländern. (Weischenberg 2004,
a. a. O., S. 132).

1.5.3   Skizze des deutschen Mediensystems

1.5.3.1   Presse nach 1945

Die Situation der deutschen Printmedien nach dem Zweiten Weltkrieg ist unvergleichlich. Viele Zeitungen (die Frankfurter Rundschau, die Süddeutsche Zeitung, die Zeit etc.), die bis heute am Markt vertreten sind und deren Verleger Lizenzen von den Alliierten bekommen haben, haben 1945 bei Null angefangen. In der Nachkriegsphase hatten die Alliierten bis zur Aufhebung des Lizenzzwanges 1949 den stärksten Einfluss auf die Bildung der neuen Medienlandschaft ausgeübt. Je nach Besatzungszone wurden die Demokratievorstellungen (US-amerikanische, britische, französische) zum Vorbild für den Neuaufbau des deutschen Pressewesens gemacht. Insofern kann es kaum verwundern, dass Medien wie der Spiegel oder auch die Zeit nach amerikanischen bzw. britischen Pressevorbildern konzipiert wurden. Die Presse nach 1945 hatte vor allem eine lokale Verbreitung und erschien – mit Ausnahme der Frankfurter Allgemeinen Zeitung – aufgrund der Papierkontingente in den einzelnen Besatzungszonen nicht überregional.

Die Alliierte Hohe Kommission wirkte bis zur Aufhebung des Besatzungsstatus 1955 bei der Gestaltung der deutschen Medien mit. Darüber hinaus nahmen die amerikanischen Alliierten besonderen Einfluss auf die Programmgestaltung des RIAS Berlin, dessen Hörfunkprogramm bis zur Wiedervereinigung von den Vereinigten Staaten teilweise mitfinanziert wurde.

1.5.3.2   Der Rundfunk

Besonderheit des deutschen Mediensystems ist die Schaffung eines öffentlich-rechtlichen Rundfunks, der mit Unterstützung der Alliierten nach dem Vorbild des britischen Rundfunks, der BBC, in den Jahren zwischen 1948 und 1949 neu entstanden ist. Die BBC (British Broadcasting Company) wurde 1922 in Großbritannien gegründet und durfte bis 1926 allein im Vereinigten Königreich Programme (Unterhaltung, Bildungssendungen, klassische Musik und Features) senden. Ähnlich wie die BBC, die über eine Rundfunkgebühr von anfangs 10 Schilling finanziert wurde, sollten auch die deutschen Rundfunkanstalten über Rundfunkgebühren finanziert werden. Zusätzliche Einnahmen kommen heute aus der Werbung, die seit 1956 im Bayerischen Rundfunk ausgestrahlt wird und in der ARD (Arbeitsgemeinschaft der öffentlich-rechtlichen Rundfunkanstalten der Bundesrepublik Deutschland) und im ZDF werktäglich vor 20 Uhr 20 Minuten lang gezeigt werden darf. Das ZDF (Zweites Deutsches Fernsehen) ist seit 1963 auf Sendung. Es ist der größte Fernsehsender Europas und im Unterschied zu den föderalen ARD-Anstalten zentralistisch organisiert. Obgleich es in jedem der 16 Bundesländer ein Studio unterhält, strahlt das ZDF bundesweit ein einheitliches Vollprogramm aus im Unterschied zur förderal strukturierten ARD, deren Programme sich von Bundesland zu Bundesland unterscheiden[50].

Ende der zwanziger Jahre kamen bei der BBC noch ein zweites Programm und 1932 der Auslandsrundfunk hinzu. Vor allem während des Zweiten Weltkriegs erlangte das deutschsprachige Auslandsprogramm der BBC wegen seiner unideologischen Nachrichten über die Weltgeschehnisse im Gegensatz zur gleichgeschalteten deutschen Presse und Rundfunkanstalten eine über die Ländergrenzen Großbritanniens hinausgehende Hörerschaft bis ins Nazideutschland, wo viele Deutsche und auch jüdische Flüchtlinge heimlich die BBC gehört haben.[51]. Im Unterschied zu den deutschen öffentlich-rechtlichen Rundfunkanstalten finanziert sich die BBC jedoch überhaupt nicht über Werbung. 1927 wurde sie als öffentliche Körperschaft neu gegründet und mit einer Royal Charter beauftragt[52].

Als sich 1950 die regionalen Landesrundfunkanstalten der Bundesländer in der ARD zusammenschlossen, erhielten diese auf der Grundlage der Rundfunkhoheit der Länder viel Unabhängigkeit und das Recht der Selbstverwaltung, wobei der Gesetzgeber nur über die Einhaltung rechtlicher Bestimmungen wacht, während alle anderen Belange von den gewählten Organen (Rundfunkrat/Fernsehrat, Verwaltungsrat und Intendant) verwaltet werden.

Mit Einführung der privaten Rundfunksender 1984 in Deutschland spricht man vom dualen Rundfunksystem. Hierbei entschied jedoch das Bundesverfassungsgericht in mehreren Urteilen, dass privater Rundfunk nur dann möglich sei, wenn eine Grundversorgung durch den öffentlich-rechtlichen Rundfunk gewährleistet ist. Das Bundesverfassungsgericht will damit eine Verdrängung des öffentlich-rechtlichen Rundfunks durch private Anbieter verhindern. Während für die öffentlich-rechtlichen Rundfunkanstalten die Landesrundfunkgesetze richtungsweisend sind, sind es für den privaten Rundfunk seit den achtziger Jahren die Landesmediengesetze in den einzelnen Bundesländern[53].

Über die gewählten Organe in den öffentlich-rechtlichen Rundfunkanstalten gewinnt das Primat des Binnenpluralismus vor allem durch die in den Rundfunkräten vertretenen wichtigsten Interessengruppen der Gesellschaft Gestalt. Dies ganz im Gegensatz zu den privaten Rundfunksendern, die über die Vielzahl unterschiedlicher Anbieter eine Art Außenpluralismus darstellen. Obgleich es 16 Bundesländer gibt, üben nur 15 Landesmedienanstalten die Aufsicht über den privaten Rundfunk aus, da Berlin und Brandenburg sich auf eine gemeinsame Anstalt verständigt haben[54].

---

[50] Vgl. hierzu Kopper (2006, S. 440 ff.).

[51] Vgl. hierzu Hans-Bredow-Institut (2006, S. 47–48).

[52] Hans-Bredow-Institut (2006, a. a. O., S. 48).

[53] Dreier (2004/2005, S. 252–253).

[54] Dreier (2004/2005, S. 253, a. a. O.).

1.5.3.3   Pressekonzentration

Eine weitere Besonderheit des deutschen Mediensystems ist die Einschränkung der Pressekonzentration. 1975 wurden die Prüf- und Zulassungsbedingungen für Fusionen oder unternehmerische Beteiligungen auf dem Tageszeitungsmarkt im Wettbewerbsrecht verschärft. Dabei ist eine Pressefusion dann anzumelden, wenn der gemeinsame Umsatz der sich zusammenschließenden Unternehmen 25 Mio. € übersteigt[55]. Die Frage der Pressekonzentration im Printmedienbereich stellte sich Ende der sechziger Jahre, als die Zeitungsverleger Einfluss auf den Rundfunk gewinnen wollten. Befürchtet wurde, dass mit der Pressekonzentration eine Gefährdung der Meinungsvielfalt eintrete. Deshalb beschäftigte sich die kurz darauf eingerichtete Günther-Kommission mit den Fragen der wirtschaftlichen Existenz von Presseunternehmen und wie die Konzentration die Meinungsvielfalt in der Bundesrepublik schmälert.

1.5.4   Grundlagen der europäischen Medienordnung

Europa ist natürlich politisch gewachsen. Aber mit der technischen Fortentwicklung der Medien über Satelliten und die Neuen Medien wie das Internet können grenzüberschreitend Fernsehprogramme, Radioprogramme und die sozialen Medien wie Facebook, Twitter empfangen werden. So ist es über Satellit heute möglich, mit Hilfe einer einzigen Rundfunksendung in ganz Europa fast eine halbe Milliarde Menschen in rund 40 Staaten mit unterschiedlichen politischen und historisch-kulturellen Systemen und mehr als einem Dutzend Sprachen zu erreichen[56].

Die sich herausbildende europäische Medienordnung stützt sich auf demokratische Säulen, die jedoch im Einzelfall im Widerspruch zum Demokratieprinzip eines Landes stehen können. Harmonisierungstendenzen zur einheitlichen rechtlichen Regelung haben in Europa einen zentralistischen Fokus, der sich beispielsweise im Fall der EG-Fernsehrichtlinie am Grundgesetz sowie der förderalen Medienordnung in der Bundesrepublik Deutschland stößt. Laut Urteil des Bundesverfassungsgerichts von 1992 vertreten Bund und Länder die Souveränität der Länder bei Programmfragen. Eine europäische Vereinheitlichung der Programme wie auch eine verbindliche Quotenregelung der Dienstleistung erscheint auf diesem Hinter-

---

[55] Kopper (2006, S. 326).

[56] Vgl. hierzu Dörr (2004/2005, S. 39/40). Dieter Dörr ist Inhaber des Lehrstuhls für Öffentliches Recht, Völker- und Europarecht, Medienrecht an der Universität Mainz und Direktor des Mainzer Medieninstituts sowie ausgewiesener Experte zum Thema der europäischen Medienordnung.

grund problematisch und wird deshalb im Urteil des Bundesverfassungsgerichtes kritisiert[57].

Wichtiger aber noch im Vergleich zur technischen Regelung der Ausstrahlung von Kabel- und Satellitenfernsehen- und Rundfunk sind die Menschenrechtsfragen. Denn die Europäische Union fußt in ihrem verfassungsrechtlichen Grundansatz auf der Menschenrechtscharta der Vereinten Nationen. Länder, die Mitglied der Europäischen Union werden wollen, müssen ihre demokratische und wirtschaftliche Grundordnung an die europäische Ordnung angleichen. Das gilt gleichermaßen für das Mediensystem eines Landes.

Infokasten
Artikel 10 der Europäischen Konvention legt den Schutz der Menschen- und Grundfreiheiten fest (EMRK)[58]. Dazu gehört – wie auch im Grundgesetz der Bundesrepublik in Art. 5 des Grundgesetzes festgeschrieben – die freie Meinungsäußerung eines jeden EU-Bürgers, die Informationsfreiheit sowie die Freiheit, Informationen über Rundfunk-, Lichtspiel- und Fernsehunternehmen über Landesgrenzen hinweg zu empfangen.

Auch hier wird eine staatliche Zensur ähnlich wie im Grundgesetz ausgeschlossen, wenn es heißt, dass die Informationen ohne Eingriffe öffentlicher Behörden empfangen werden dürfen. Dörr betont gleichzeitig, dass mit der vom Europäischen Gerichtshof für Menschenrechte ausgelegten Rundfunkfreiheit auf europäischer Ebene eine stärkere individualrechtliche Ausrichtung[59] im Unterschied zum Grundgesetz einhergeht. Im Grundgesetz Art. 5, Satz 1,2,3[60] wird neben den gesetzlichen Einschränkungen der Pressefreiheit sowie der individuellen Meinungsfreiheit auch die Rolle der Presse für die demokratische Grundordnung als solche betont.

Im Urteil des Bundesverfassungsgerichts von 1958 wurde die politische Bedeutung der Meinungsfreiheit für die demokratische Grundordnung hervorgehoben.

---

[57] Vgl. hierzu den Text des Urteils des Bundesverfassungsgerichts von 1992: http://www.servat.unibe.ch/dfr/bv092203.html.

[58] Vgl. hierzu den Gesetzestext von Art. 10 der Europäischen Menschenrechtskonvention: http://www.presserecht.de/index.php?option=com_content&task=view&id=703&Itemid=1.

[59] Dörr (2004/2005, a. a. O., S. 41).

[60] Vergleiche das Grundgesetz der Bundesrepublik Deutschland, besonders den Wortlaut von Art. 5: http//www.artikel5.de/.

Demnach ist das Recht der Pressefreiheit auch als kollektives Recht im Sinne aller Staatsbürger zu verstehen. Die Presse wird damit zur einer Institution im Staat definiert, über deren unabhängige Informationen Bürger lernen, ihre Pflichten und Rechte in einer demokratischen Grundordnung wahrzunehmen[61].

- Die Rechtssprechung des Europäischen Gerichtshofs hebt zudem auf Meinungspluralismus und die kulturelle Vielfalt der Medien als Grundlage für eine funktionierende Demokratie und Informationsfreiheit der EU-Bürger ab.

Die Europäische Union setzt diese Grundfreiheiten in Form der neuen europäischen Grundrechtscharta um. In Art. 11 der EU-Grundrechtscharta werden die Meinungsfreiheit, die Informationsfreiheit sowie die Freiheit der Medien eigens erwähnt. Die EU-Grundrechtscharta fußt auf dem Beschluss des Europäischen Rates vom Juni 1999[62]. Demnach definiert sich die Europäische Union nicht nur als Wertegemeinschaft, die die universellen Werte der Würde des Menschen, der Freiheit, der Gleichheit und der Solidarität teilt, sondern auch als eine Gemeinschaft, die auf den Grundsätzen von Demokratie und Rechtsstaatlichkeit beruht.

1.6 Länder in Europa ohne Pressefreiheit

Neben den mittlerweile 27 Mitgliedsstaaten der Europäischen Union, gibt es noch eine Reihe osteuropäischer Länder, die aus der Implosion der Sowjetunion 1989 als unabhängige Staaten zwar neu gegründet wurden, sich aber nicht demokratisch entwickelt haben und insofern auch die von der Europäischen Union definierten Grundrechte in ihrem Land nicht schützen. Zu den Länderbeispielen, die geographisch nur an der Peripherie Europas liegen, gehören Usbekistan, Weißrussland, mit Einschränkung[63] Russland, mit Einschränkung die Ukraine, weiter nach Asien gehend Aserbaidschan.

---

[61] Vgl hierzu Stamm (2001, S. 16). Sowie die Urteile des Bundesverfassungsgerichts von 1958 unter: http://www.bpb.de/files/4U777R.pdf.

[62] Vgl. Dörr (2004/2005, a. a. O., S. 44) sowie den Text der CHARTA DER GRUNDRECHTE DER EUROPÄISCHEN UNION unter http://www.europarl.europa.eu/charter/pdf/text_de.pdf.

[63] In Russland wie der Ukraine gibt es mittlerweile unabhängige, regierungskritische Medien, die sich auch mit Hilfe des Westens etablieren konnten. Ein Beispiel ist „The New Times" in Moskau. Besonders in den Anfängen der Reformstaaten musste sich die unabhängige Presse verstärkt gegen Repressalien und wirtschaftliche Schwierigkeiten behaupten, um eine wahrhaftige Berichterstattung zu gewährleisten. Dabei werden die freien osteuropäischen Medien

Häufig haben die ehemaligen Sowjetstaaten eine demokratische Staatsordnung der Form und Diktion nach, jedoch fehlt die Gewaltenteilung sowie die Achtung und der Schutz der Grundrechte. Die Medien können vor Ort nicht ungehindert ihre Funktionen der Kritik und Kontrolle der Gewalten und Verwaltung mit Hilfe des investigativen Journalismus ausüben. Denn die unabhängige und umfassende Information der Bürger zur freien Meinungsbildung ist häufig von Staatsseite untersagt.

1.6.1 Usbekistan

Seit dem 31. Aug. 1991 ist Usbekistan mit der Hauptstadt Taschkent unabhängig und hat sich aus der Staatsform der ehemaligen Sowjetrepublik zwischen 1924 und August 1991 als freier Staat neu konstituiert. Seither ist Usbekistan eine Präsidialdemokratie mit einem Zweikammer-Parlament. Die Mehrheit der Usbeken ist islamisch-sunnitischen Glaubens. Islam Abduganiewitsch Karimow übt seit dem 24. März 1990 das Amt des Präsidenten der usbekischen Republik aus und wurde 2000 und 2007 für jeweils sieben Jahre wiedergewählt. Im Parlament sind vornehmlich regierungstreue Parteien vertreten. Dies sind die liberal-demokratische Partei Usbekistans, mit 53 Sitzen, als stärkste politische Kraft, die Nachfolgepartei der Kommunisten, die Demokratische Volkspartei – Narodno-Demokratitscheskaja Partia Usbekistana, mit 32 Sitzen, die Demokratische Partei, mit 31 Sitzen, die sozialdemokratische Bewegung Adolat und die ökologische Bewegung[64].

Bürgerrechtler[65], Friedensaktivisten, unabhängige Journalisten[66] prangern deshalb die politische Situation in den ehemaligen GUS-Staaten an und werden häufig für ihr politisches Engagement verfolgt. Ein eindrucksvolles Beispiel ist der usbekische, unabhängige (Radio-)Journalist Abdoumalik (Malik) Bobaev. Bobaev,

---

an den Kriterien abgewogen, ob sie durch Zensur abgeschreckt werden und der Selbstzensur widerstehen. Eine wichtige Unterstützung zum Aufbau der demokratischen Presse sowie unabhängiger Medien in den Transformationsstaaten Osteuropas ist der Gerd Bucerius-Förderpreis Freie Presse Osteuropas. Die ZEIT-Stiftung verleiht diesen seit 2000. Zielgruppe sind jene Journalisten und Medien, die publizistisch für eine freie Presse, das freie Wort und die liberale Bürgergesellschaft eintreten. Seit 2004 vergibt die ZEIT-Stiftung den Pressepreis zusammen mit der norwegischen Institusjonen Fritt Ord (Freedom of Expression Foundation, die 1974 gegründet wurde).

[64] Vgl. hierzu die Länderinformationen des Auswärtigen Amtes: http://www.auswaertigesamt.de/DE/Aussenpolitik/Laender/Laenderinfos/01-Nodes_Uebersichtsseiten/Usbekistan_node.html.

[65] Vgl. hierzu Hangen (2008a).

[66] Vgl. hierzu: Hangen (2008b); sowie Hangen (2008c).

41 Jahre, ist Korrespondent der amerikanischen Radiostation Voice of America in Usbekistan.

1.6.1.1 Voice of America

Die Voice of America wurde am 19. Okt. 1959 mit dem Ziel gegründet, dass Menschen in der Welt, die die englische Sprache nicht als Muttersprache erlernt haben, über die Sprachprogramme des Radiosenders das amerikanische Englisch erlernen können. Zwischenzeitlich gibt es nicht nur die Voice of America als Radio, sondern auch als TV-Programm, mit dem über Satellit Features rund zwanzig Minuten global ausgestrahlt werden. Die Zahl der Hörer beziffert sich auf Millionen in der ganzen Welt mit Vertretungen u. a. in Nigeria, im Iran, Pakistan, im Kosovo, Brasilien und China[67].

1.6.1.2 Der Fall des unabhängigen Radiojournalisten Abdoumalik Bobaev

Mitte Oktober 2010 leitete die usbekische Staatsanwaltschaft gegen den unabhängigen Journalisten Malik Bobaev ein Strafverfahren ein. Die Anklage lautete Verleumdung, Beleidigung und Störung der öffentlichen Ordnung. In der Anklageschrift wurden Bobaev Straftaten vorgeworfen, die angeblich mit Geldern ausländischer Organisationen (der Voice of America) finanziert worden sind. Hierin sahen die Behörden eine Schwächung der moralischen und politischen Integrität der Republik Usbekistan. Für solch ein Vergehen steht ein Strafmaß von fünf bis acht Jahren Gefängnis bevor. Am 15. Okt. 2010 wurde Bobaev jedoch einzig zu einer Geldstrafe, ohne Haftstrafe, verurteilt. Die Staatsanwaltschaft forderte gleichzeitig ein dreijähriges Berufsverbot, das die Richter im Prozess jedoch fallen ließen.

Im Januar 2010, vor dem Urteilsspruch, wurden Malik Bobaev und fünf andere Journalisten von der Staatsanwaltschaft in Taschkent vorgeladen. Sie sollten offenlegen, wer ihre Auftraggeber seien, welche Auslandsreisen sie tätigten und unter welchem Pseudonym sie jeweils veröffentlichten. Die Fragen wie auch die Untersuchung der Staatsanwaltschaft wurden in der (inter-)nationalen Presse als Einschüchterung der Pressefreiheit gewertet.

2006 verweigerte das usbekische Außenministerium dem Journalisten Bobaev die Akkreditierung. Seit der Niederschlagung des Bürgeraufstands in Andischan am 13. Mai 2005 untersagt das Regime jede Form eines unabhängigen Journalismus. So verbietet eine staatliche Verordnung usbekischen Bürgern seit 2006 die Akkreditierung für ausländische Medien. Obgleich laut der usbekischen Verfassung jedem das Recht auf Informationsfreiheit zusteht, behindern die Behörden

---

[67] http://www.voanews.com/learningenglish/about-us/.

die Arbeit der freien Presse. Über zwanzig freie Journalisten sind mittlerweile aus Usbekistan geflohen und 11 verhaftet[68]. Malik Bobaev ist noch als unabhängiger Journalist in Usbekistan tätig und Stipendiat der Hamburger Stiftung für politisch Verfolgte.

1.6.2 Berufsausübung unabhängiger Journalisten unter erschwerten Bedingungen

▶   Interview mit Abdoumalik Bobaev, Radiojournalist der „Uzbek Voice of America", in Usbekistan

▶   Es ist in Staaten ohne geschützte Pressefreiheit nicht ungewöhnlich, dass auch die wirtschaftlichen Bedingungen schwierig sind. Häufig herrschen Nepotismus und oder Korruption in der Wirtschaft und Verwaltung des Staates vor. Die Arbeitslosigkeit ist aufgrund der Verhältnisse in der Bevölkerung ohnehin sehr hoch. Wer dann Journalist wird, geht, um wirtschaftlich abgesichert zu sein, wohl eher zu einem regierungstreuen Medium. Selten wird der unbequeme und unsichere Weg des freien Journalisten gewählt. Wie haben Sie Ihre Laufbahn als Journalist in Usbekistan begonnen?

▶   **Abdoumalik Bobaev, Uzbek Voice of America** „Ich habe in regionalen kleinen Zeitungen meine Laufbahn als Journalist begonnen. 2002 kam ich dann zur ,Uzbek Voice of America' ".

▶   Wann hat infolge Ihrer Berichterstattung die Verfolgung durch die usbekische Regierung begonnen?

---

[68] Die Informationen wurden wesentlich aus einer Presseerklärung der Hamburger Stiftung für politische Verfolgte entnommen, die veröffentlicht wurde, als Malik Bobaev nach Hamburg anreiste. Zusatzinformationen hat die Autorin dem Interview mit dem Stipendiaten entnommen. Zudem hat sie zuvor auch ein Interview mit der Leiterin der Vertretung von Human Rights Watch in Usbekistan geführt und die Berichterstattung von Reporter ohne Grenzen zur Situation der Pressefreiheit in Usbekistan verfolgt. Vgl. hierzu http://www.reporter-ohne-grenzen.de/presse/pressemitteilungen/news-nachrichten-single/article/usbekischer-vize-aussenminister-in-berlin-rog-und-uzbekistan-press-freedom-group-mahnen-medienfrei.html.

▶   **Abdoumalik Bobaev, Uzbek Voice of America** „Seit Andischan bin ich
unter der Kontrolle der Regierung".

▶   Was weiß die usbekische Bevölkerung über die Massaker von Andischan. Ist die Bevölkerung zwischenzeitlich über die Medien über die
erfolgten Menschenrechtsverletzungen informiert?

▶   **Abdoumalik Bobaev, Uzbek Voice of America** „Im Grunde weiß die
usbekische Bevölkerung mittlerweile über die Ereignisse Bescheid.
Aber es gibt einen Unterschied: Nach der Regierungsversion ist es ein
Überfall von Terroristen gewesen. Aus Sicht der usbekischen Friedensaktivisten war es eine friedliche Demonstration der Bevölkerung. Fakt
ist, dass bei den Ausschreitungen friedliche Bürger gestorben sind und
darüber sind alle informiert".

▶   Unabhängige Journalisten haben in ihrem Land einen schweren Stand.
Eigentlich stehen sie verfassungsmäßig nirgendwo, ihr Ort ist nicht
definiert und nicht frei. Realiter stehen sie in der Recherche immer
zwischen Staat und Bevölkerung. Sie haben gegen hohe Widerstände
anzukämpfen, wobei die einen Misstrauen hegen und die anderen
Angst haben, die Dinge auch aus einer anderen, realistischen Sicht-
weise zu sehen. Das Meinungsklima ist nie neutral und entspannt. Was
meinen Sie, glaubt denn die usbekische Bevölkerung nun, dass es sich
um einen terroristischen Akt gehandelt hat?

▶   **Abdoumalik Bobaev, Uzbek Voice of America** „Nein, ich nehme nicht
an, dass die Mehrheit dies glaubt".

▶   Gab es die Möglichkeit, dass Sie damals 2005, als die Ausschreitungen
begannen, in Ihrer Funktion als Journalist über die Gewalttaten in Andischan frei berichteten?

▶   **Abdoumalik Bobaev, Uzbek Voice of America** „Ich bin vier, fünf Tage
nach den Ausschreitungen in Andischan angekommen und habe dann
auch darüber berichtet. Die Stadt war ja schon abgeriegelt worden".

▶   Welchen Blickwinkel haben Sie in der Berichterstattung eingenommen?

▶   **Abdoumalik Bobaev, Uzbek Voice of America** „Mein Blickwinkel war,
dass die Vertreter der Regierung die Demonstranten einfach niederge-

walzt hatten. Ich war davon überzeugt, dass die Demonstranten nur mit der Regierung sprechen wollten".

► Investigative Recherche erfolgt in westlichen demokratischen Systemen auch unter Risiken, die jedoch nicht vergleichbar – da die Meinungs- und Pressefreiheit gewährt ist – zu denen in Systemen ohne Pressefreiheit sind. Die Wahrheitssuche erfordert für unabhängige Journalisten viel mehr Mut, weil sie mit Gegendruck der Regierung rechnen müssen. Gibt es Beweise für Ihre Thesen?

► **Abdoumalik Bobaev, Uzbek Voice of America** „Meine Beweise sind die Augenzeugen, die mir gesagt haben: ‚Wir haben gehofft, dass der Präsident kommt.' Sie wollten mit dem Präsidenten über ihre Lebensbedingungen sprechen, die sie verbessern wollten.
Es gab in der Stadt eine ganz florierende ökonomische Entwicklung. Es gab Unternehmer, die ihre Geschäftsbereiche allmählich aufgebaut hatten und Arbeitsplätze zur Verfügung stellten. Die Regierung fing dann an, allmählich diese kleinen und größeren Unternehmen zu schließen und von ihnen übermäßig viel Geld zu fordern, und damit den Anfang einer kleinen prosperierenden Wirtschaft zu zerstören. Zudem wurden die Geschäftsleute hinter Schloss und Riegel gebracht. Es wurde dann ein langwieriges Gerichtsverfahren gegen die Gefängnisinsassen eröffnet. Während des Gerichtsverfahrens standen die Arbeitnehmer, die bei den Unternehmern Arbeit gefunden hatten, vor den Toren des Gerichts, um die Geschäftsleute in Untersuchungshaft zu unterstützen. Als dann das Gerichtsurteil feststand und sie lange Haftstrafen bekamen, haben sie die Wächter vor den Gefängnistoren entwaffnet, haben das Gefängnis gestürmt und die Geschäftsleute befreit. Und danach kam die riesige, auch dem Westen bekannte, Demonstration auf, die dann blutig niedergeschlagen wurde".

► Wer war an der Niederschlagung der Demonstration beteiligt gewesen?

► **Abdoumalik Bobaev, Uzbek Voice of America** „Die Armee rückte heran und ging gewaltsam gegen die Demonstranten vor".

► Hatten Sie die Ausschreitungen mit eigenen Augen beobachtet oder haben Sie den Hergang der Ereignisse anhand von Augenzeugenberichten im Nachhinein rekonstruiert?

▶   **Abdoumalik Bobaev, Uzbek Voice of America** „Das war bekannt. Das
war zu dem Zeitpunkt ja so, dass es Journalisten gab, die die Ereignisse
vor Ort miterlebt hatten. Als ich kam, habe ich meine Informationen
dann von den Augenzeugen erhalten".

▶   Wie hoch war die Zahl der Opfer genau?

▶   **Abdoumalik Bobaev, Uzbek Voice of America** „Die Regierungsjournalisten sagen, es gab 180 Opfer. Die unabhängigen Journalisten bezif-
fern die Zahl höher, auf ungefähr 700 Menschen".

▶   Unabhängige Journalisten sind im Vergleich zum Westen in Ländern
ohne Pressefreiheit die ungeliebte (Vierte) (Kontroll-) Kraft für ein politisches System, in dem es keine richtige Gewaltenteilung und keine
offizielle Kontrolle der drei Gewalten Exekutive, Legislative, Judikative
gibt. Eigentlich fungieren dann die wenigen unabhängigen Medien als
das, was die Medien in den westlichen, demokratischen Gesellschaften
darstellen, nämlich die Vierte Kraft im System. Was wollen Sie mit Ihrer
Berichterstattung bei der usbekischen Regierung erreichen?

▶   **Abdoumalik Bobaev, Uzbek Voice of America** „Alles, was ich einfor-
dere, will die Regierung nicht: Keine Pressefreiheit, keine Versammlungsfreiheit, kein Anrecht auf eine freie Berufswahl etc. Ich kritisiere
von morgens bis abends die Zustände".

▶   Wie viele freie Journalisten gibt es noch in Usbekistan? Eine Handvoll?

▶   **Abdoumalik Bobaev, Uzbek Voice of America** „Vielleicht zehn. Es werden immer weniger. Der eine kommt ins Gefängnis, der andere wan-
dert aus. Es bleiben noch ungefähr 10 unabhängige, freie Journalisten
übrig. Der Rest sind Regierungsjournalisten. Viele von ihnen glauben
den staatlichen Verlautbarungen zwar auch nicht, aber um zu überleben, gehen sie den Kompromiss ein und schreiben das, was gefordert
wird. Alle Journalisten sind sich der Tatsache bewusst, dass sie in einem
autoritären Staat leben. Auch wissen alle, dass die usbekische Presse
anders funktionieren müsste, als es augenblicklich der Fall ist".

▶   Am 15. Sept. 2010 leitete die Staatsanwaltschaft ein Strafverfahren gegen
Sie ein mit der Begründung, Sie würden mit ihrer Berichterstattung die

öffentliche Ordnung stören und den Staat beleidigen. Wer hat Ihnen in der Zeit des Prozesses geholfen?

▶ **Abdoumalik Bobaev, Uzbek Voice of America** „Ich konnte auf eine regelrechte Solidaritätswelle bauen. Viele Organisationen haben mich unterstützt, darunter die ‚Uzbek Voice of America', Amnesty International, Reporter ohne Grenzen. Bei den Verhandlungtagen während des Prozesses gegen mich war sogar der US-amerikanische Botschaftsvertreter zugegen. Es wurde die Höchststrafe, eine Geldstrafe von 8.000 US$ gegen mich verhängt, die die ‚Uzbek Voice of America' für mich bezahlt hat".

▶ Was waren die konkreten Anschuldigungen?

▶ **Abdoumalik Bobaev, Uzbek Voice of America** „Man hat mir vorgeworfen, dass ich Material zusammengestellt habe, welches Parlament und Regierung beleidigt. Und ich soll zum Aufstand aufgerufen haben".

▶ Entsprechen die Anschuldigungen der Wahrheit?

▶ **Abdoumalik Bobaev, Uzbek Voice of America** „Nein. (lacht)".

▶ Warum sollen Sie für den Staat so gefährlich sein?

▶ **Abdoumalik Bobaev, Uzbek Voice of America** „In Usbekistan ist alles unter der Kontrolle des Staates. Es gibt keine Informationsfreiheit. Ich habe frei Informationen gesammelt, nicht um den Staat zu beleidigen, sondern um auf Unrechtsfälle hinzuweisen. Aus dem Grund bin ich aus Sicht des Staates gefährlich. Den freien Journalisten werden Maulkörbe verpasst. Mit mir hat man ein Exempel statuiert, um den Anderen zu zeigen: ‚So geht das nicht. Ihr werdet bestraft, wenn ihr euch nicht an unsere Anweisungen haltet'".

▶ Sind Sie der einzige Fall?

▶ **Abdoumalik Bobaev, Uzbek Voice of America** „Anderen freien Journalisten ist das auch passiert, beispielsweise dem bekannten usbekischen Journalisten Sohjon Abdurahmonov, der eine zehnjährige Haftstrafe bekam. Ihm hat man nicht direkt etwas vorgeworfen, sondern

Rauschgift in sein Gepäck gesteckt. Ich war eine glückliche Ausnahme, da ich nur wegen meiner Artikel verurteilt wurde".

▶ Sie sind Familienvater und haben vier Kinder, von denen das Älteste 15 und das Kleinste drei Jahre alt ist. Ist auch Druck auf Ihre Familie ausgeübt worden?

▶ **Abdoumalik Bobaev, Uzbek Voice of America** „Meine Frau ist Kinderärztin. Während des Prozesses hat der leitende Arzt des Kinderkrankenhauses, in dem meine Frau auch als Anästhesistin arbeitet, gesagt: ‚Bitte verlassen Sie in gegenseitigem Einverständnis den Arbeitsplatz'. Ich habe meiner Frau empfohlen, den Aufhebungsvertrag nicht zu unterschreiben, sie solle es darauf ankommen lassen, was passiert, wenn sie sich weigert. Meine Frau konnte letztlich bleiben".

▶ Wie haben Sie den Prozess in der Zwischenzeit verarbeitet?

▶ **Abdoumalik Bobaev, Uzbek Voice of America** „Ich habe den Prozess gegen mich als törichtes Spektakel empfunden. Und heute, wenn ich mit Abstand zurückblicke, erscheint es mir noch grotesker. Ein Spiel, das man sich auch hätte sparen können".

▶ Ab wann haben Sie sich entschieden, gegen die Politik der Regierung anzuschreiben? Bei welcher Gelegenheit hat es bei Ihnen Klick gemacht?

▶ **Abdoumalik Bobaev, Uzbek Voice of America** „Einen Urknall im eigentlichen Sinne gab es nicht. Ich bin allmählich in die sozialkritische Berichterstattung reingewachsen. Am Anfang lebte ich von Auftragsarbeiten, dennoch hatte ich zu der Zeit bereits meinen kleinen Freiraum, den ich nutzen konnte, um auch anders, sozialkritisch zu schreiben. Dabei bin ich mir über mich selbst und mein Ziel klarer geworden".

▶ Was war der Inhalt ihrer kritischen Artikel?

▶ **Abdoumalik Bobaev, Uzbek Voice of America** „Ich schreibe Reportagen und Berichte, in denen ich kritisierte, dass es in Usbekistan keinen freien Internetzugang gibt, dass es keine Pressefreiheit gibt, dass alles unter Staatskontrolle steht. Die Artikel schrieb ich für Voice of America.

Außerdem habe ich darüber geschrieben, dass während der Schulzei-
ten die Schüler gezwungen sind, bei der Baumwollernte zu helfen. Die
Schule fällt dann aus und sie müssen auf die Felder gehen und hier bei
der Ernte helfen. Außerdem gibt es in Usbekistan vier Parteien, die allerdings ‚Spielzeugparteien' sind. Sie haben keinen politischen Einfluss
und applaudieren dem Präsidenten. Darüber schreibe ich und prangere
diese Situation an. Beim Ausbruch der Revolution in Ägypten stellte ich
eine Parallele zu Usbekistan her. Denn beide Regime ähneln sich. Eine
solche Parallele wird von der Regierung nicht gern gesehen".

► Wer zensiert Artikel in Usbekistan?

► **Abdoumalik Bobaev, Uzbek Voice of America** „Meine Artikel werden
nicht zensiert. Aber alle Artikel, die in regierungstreuen Zeitungen
erscheinen, unterliegen einer Kontrolle. Das macht eine Informations-
agentur, die unter Staatskontrolle steht".

► Halten sich die anderen Journalisten an die Zensurvorschriften?

► **Abdoumalik Bobaev, Uzbek Voice of America** „Nein, die unabhängigen Journalisten arbeiten mittlerweile im Untergrund. Sie stehen meist
in Kontakt mit Agenturen außerhalb Usbekistans. Das heißt, sie schicken ihre Artikel an unabhängige usbekische Agenturen. Eine davon ist
in Berlin, in Schweden und in Norwegen".

Aus dem Russischen übersetzt von **Suzanne Bontemps**.

Medien am Markt

2

Medien sind besondere Unternehmen am Markt. Medienunternehmen stellen Produkte her, die nach Ansicht von Medienökonomen eine Doppelfunktion erfüllen. Sie produzieren einerseits Güter, die sich an den Rezipienten richten, der Information, Bildung und Unterhaltung sucht. Sie sind entsprechend der Verfassung unerlässlicher Bestandteil demokratischer Gesellschaften. Medien tragen als Vierte Kraft im System im Vergleich zu anderen Wirtschaftsunternehmen eine besondere Verantwortung, die sich aus der publizistischen Tätigkeit ergibt. Andererseits sind sie über die publizistischen Güter mit dem Werbemarkt verbunden. Dabei stehen beide Märkte, der Rezipienten- und Werbemarkt, in Wechselwirkung zueinander. Je breiter die publizistische Information vom Rezipienten genutzt wird, umso mehr Rezipienten erreicht das Medium, womit es gleichzeitig sehr attraktiv für Werbeträger wird, die im Rezipienten den potentiellen Käufer sehen und anzusprechen beabsichtigen. Dabei fallen ganz bestimmte Mediengüter nicht unter die Doppelfunktion: so beispielsweise Pay-TV und Bücher, wenn sie nicht über Werbung teilfinanziert werden.[1]

2.1 Doppelfunktion der Medien

Die dualistische Struktur der Medienunternehmen lässt sich auch anhand der gegensätzlichen Wertvorstellungen zwischen Redaktion und Verlagsmanagement erklären. Die Trennung der beiden Bereiche Redaktion und Management ist dabei eine wichtige Voraussetzung, damit sich die in dem jeweiligen System zum Tragen kommenden Leitwerte und Gesetze nicht verselbständigen und zu starken Einfluss auf den jeweils anderen Bereich nehmen. Denn ist die Redaktion eines Mediums zu sehr von den Leitwerten der Effizienz und Rentabilität getragen, so kann sie keine

---

[1] Vgl. hierzu die Grundlagen der Medienökonomie bei Beyer und Carl (2004, S. 10).

C. Hangen, *Grundlagenwissen Medien für Journalisten,*
DOI 10.1007/978-3-531-19017-4_2,
© VS Verlag für Sozialwissenschaften | Springer Fachmedien Wiesbaden 2012

	Wirtschaft	**Publizistik**
Elemente der Systemrationalität	Eigennutzorientierung Ökonomischer Wettbewerb	Öffentlichkeitsorientierung Aufmerksamkeitswettbewerb
Leitwerte	Effizienz Rentabilität	Aufklärung Demokratische Kontrolle
Steuerungsmedium	Geld	Publizität
Beitrag an die Gesellschaft	Waren und Dienstleistungen	Öffentliche Meinung
Sanktionssystem	Stark	Schwach
Institutionalisierung	Wirtschaftsunternehmen	Medienbetriebe

Abb. 2.1 Systeme Wirtschaft und Publizistik im Vergleich. (Quelle: Kiefer 2004, S. 561. Zitiert nach: Beyer und Carl 2008, S. 13, Beyer und Carl (2008))

Rücksicht mehr auf die Produktion immaterieller Güter nehmen, die jedoch die Grundlage der journalistischen Berufsausübung darstellen[2] (Abb. 2.1).

Würde sich die Redaktion eines Mediums zu sehr auf den Verkaufswert der Information konzentrieren, muss es Informationen, die einen rein immateriellen Wert haben, vernachlässigen. Damit verlöre aber das Medium seine Glaubwürdigkeit beim Rezipienten, der ja auch Aufklärung, vertiefte Information und nicht nur Unterhaltung und Service bei der Nutzung eines Mediums sucht. Andererseits, wenn ein Medium nicht auf Rentabilitätskriterien achtet, kann es Gefahr laufen, seine ökonomische Existenzgrundlage aufgrund mangelnder Wirtschaftlichkeit und Wettbewerbsfähigkeit einzubüßen. Der bei Medien vorhandene Dualismus impliziert somit eine gewisse Gratwanderung und Abwägung der unterschiedlichen Ansprüche und Werte zwischen Redaktion(en) und Verlagsmanagement. Allerdings kann er auch immer wieder Zielkonflikte und Diskussionen über Prioritäten an die Oberfläche spülen.

Ähnlich wie bei Konsumgütern kann der Rezipient die Qualität des angebotenen Informationsproduktes nur schwer einschätzen, weshalb auf dem Medienmarkt auch mangelhaft produzierte Informationsgüter angeboten und massenhaft gekauft werden. Dies hängt einerseits mit der Komplexität der Medien und ihrer technisch und inhaltlich unübersichtlichen Produktionsweise zusammen, andererseits mit der Urteilskraft des Einzelnen. Eine gewisse Kontrollmöglichkeit entsteht durch Mitbewerber, die Konkurrenten beurteilen oder durch von Qualitätsmedien aufgebaute Reputationen, die dem Rezipienten die Auswahl in der Qualität der Information erleichtern[3].

---

[2] Vgl. hierzu Trappel (2004).

[3] Beyer und Carl (2004, S. 14).

2.2 Ökonomische Gesetze der Medien

Direktfinanzierte Medien, beispielsweise die öffentlich-rechtlichen Medien, die zum Großteil über GEZ-Gebühren finanziert werden, richten sich in ihrer Dienstleistung mehr nach dem Rezipienten, während Medien, die rein über Werbung finanziert werden, sich stärker an den Anforderungen der Werbewirtschaft ausrichten.

2.2.1 Größendegressionsvorteile

Jedes Medienunternehmen hat Fixkosten zu tragen, zu denen u. a. die Kosten für das Gebäude oder Studio, Druckmaschinen zählen. Dabei ergibt sich dann eine rentable Produktion des Medienproduktes – das immer auch ein einmaliges Unikat ist, wobei nie eines dem anderen gleicht – wenn es in großer Stückzahl hergestellt werden kann. Denn je größer die hergestellte Menge ist, um so geringer sind die Stückkosten pro Exemplar. Insofern wirtschaften immer die Medienunternehmen am rentabelsten, die ihr Produkt weit verbreitet und in hoher Stückzahl auf den Markt anbieten können. Monopolisten können hierbei eindeutig rentabler wirtschaften als Medienunternehmen, die viele Mitbewerber haben. Deshalb arbeiten auch viele Medien im Verbund, sodass entweder ein Medium (Beispiel: Die Zeit oder auch der Spiegel mit seinen Zusatzprodukten) mehrere Märkte bedient (Online, Print, Magazinbereich) oder im Verbund mit anderen Medien steht, die so eine stärkere Ausdifferenzierung einer journalistischen Sparte ermöglichen, beispielsweise im Wirtschaftsjournalismus, indem man sich auf dessen Einzelfacetten konzentriert (Handel, Kapital, Finanzen, Banken, etc.).

2.2.2 Anzeigen-Auflage-Spirale

Monopolisten haben eine bessere Chance, ihre Vorrangstellung am Markt zu behaupten und auszubauen als kleine Medienunternehmen. Dies liegt im Wesentlichen daran, dass jene von der Anzeigen-Auflage-Spirale im positiven, sich gegenseitig verstärkenden Sinne profitieren, während die Newcomer am Markt oft die Negativfolgen dieser Spirale erleben und damit häufig weniger gute Startchancen haben. Grundsätzlich gilt für alle Medien, dass der Markt weitgehend gesättigt ist, da das Trägheitsgesetz gilt. Kunden haben ihre Konsumgewohnheiten liebgewonnen und sind damit weniger gern bereit, diese zu ändern, um neue Medien zu nutzen.

Höhere Einnahmen aus Vertrieb und Werbung dienen bei geringfügiger Zunahme der Stückkosten dazu, das Produkt weiter zu verbessern, um es gegenüber

Konkurrenten als qualitativ hochwertig anpreisen zu können. Die Verbesserung des Produktes führt aber wiederum zur Erweiterung des Kundenkreises und damit zu einem besseren Vertriebs- und Werbeerlös. Vor allem große Medienunternehmen und Monopolisten profitieren von der positiven Medienspirale. Bei kleineren Medien schlagen bereits die Stückkosten zu Buche, so dass der Kundenkreis nicht erweitert und der Vertrieb nur unter der Bedingung der Preissteigerung ausgedehnt werden kann. Geringere Einnahmen aus Anzeigen und Vertrieb können nicht wieder in die kostenintensive Verbesserung des Produktes und damit die Steigerung der Wettbewerbsfähigkeit investiert werden, so dass letztlich die Medienspirale für die kleinen Medien nach unten zeigt[4]. Zu guter Letzt werden die Monopolisten am Markt auch durch die Sogwirkung begünstigt, denn dadurch, dass sie ein begehrtes, weit verbreitetes und qualitativ hochwertiges Unikat periodisch herstellen, versammelt sich die gesamte werbetreibende Wirtschaft unter dem Dach des Medienunternehmens.

2.3 Rechtliche Grundlagen der Medienunternehmen

Medien genießen eine Reihe Rechte. Nach Art. 5 des Grundgesetzes sind Medien als publizistische Träger frei im Inhalt, den sie recherchieren, schreiben, drucken, veröffentlichen. Daneben können sie sich auf die Auskunftspflicht der Behörden, das Zeugnisverweigerungsrecht und das Beschlagnahmeverbot stützen. Sie unterliegen dem Zensurverbot, zeichnen sich durch ihre Staatsferne aus und üben die Kontrollfunktion aus. Vom Gesetzgeber sind zudem klare Schutzbereiche definiert. Hierzu gehören die allgemeinen und besonderen Persönlichkeitsschutzrechte, der Schutz der persönlichen Ehre, der Persönlichkeit, des Unternehmens, des Staates, der Jugend und des Urhebers[5].

Zum anderen hat ihnen der Gesetzgeber klare Pflichten auferlegt. Zu den Pflichten, die in den Pressegesetzen der Bundesländer festgeschrieben sind, gehören die Sorgfaltspflicht, die Pflicht zur Gegendarstellung, die Presseordnung unter Angabe des Impressums sowie des verantwortlichen Redakteurs und die Kennzeichnung von Werbung[6].

---

[4] Trappel (2004, S. 437–438).

[5] Vgl. hierzu die sehr übersichtliche und umfassende Abb. 8 Mediengrundrechte und ihre Konsequenzen bei Beyer und Carl (2004, S. 26).

[6] Ibidem, S. 27.

2.3.1 Innere Pressefreiheit und Tendenzschutz

Obgleich Verleger eine Richtlinienkompetenz im Medienunternehmen besitzen, sind Journalisten durch die innere Pressefreiheit geschützt, die sie vor zu großem ökonomischen und politischen Druck Dritter bewahren soll. So legt jedes Medienunternehmen in der Regel Wert auf die Trennung der Kompetenzen zwischen Journalist und Verleger. In Streitfällen muss zwischen der Autonomie des Verlegers und den Persönlichkeitsrechten der Journalisten abgewogen werden[7]. Ein Schutzschild gegen zu starke Eingriffe in die Arbeit der Redaktionen sind Redaktionsstatute.

2.3.2 Pressefusionskontrolle

Im Unterschied zu den Rundfunkgesetzen, die Meinungsvielfalt und den inneren (bei öffentlich-rechtlichen Rundfunkanstalten) wie äußeren Pluralismus unterschiedlicher gesellschaftlicher Interessengruppen (private Rundfunkanstalten) garantieren sollen, geht man bei Printmedien vom pluralistischen Grundsatz aus, so dass dieser nicht extra in den Landespressegesetzen aufgelistet wird. Besondere Vorschriften richten sich auf die Umsetzung des Gesetzes gegen Wettbewerbsbeschränkungen. Sie kontrollieren Pressefusionen, um der Gefahr der Einschränkung der Meinungsvielfalt durch die reine Präsenz weniger großer Medienunternehmen auf dem Markt entgegenzuwirken. Die Pressefusionskontrolle zur Vermeidung größerer Konzentrationen von Medienkonzernen am Markt findet unter zwei Bedingungen Anwendung: ein Medienunternehmen muss erstens weltweit Umsatzerlöse von 500 Mio. € erwirtschaften und zweitens im Inland Umsatzerlöse von 25 Mio. € verzeichnen[8]. Bei Verlagen, die Zeitungen herausgeben, gilt nur die zweite Bedingung. Damit das Bundeskartellamt seine Kontrollfunktion ausüben kann, müssen sich die Umsatzerlöse des Unternehmens an der 25 Mio. €-Grenze bewegen.

So untersagte beispielsweise 1982 das Bundeskartellamt die anstrebte Fusion zwischen der Burda Verlagsgruppe AK und der Springer GmbH/Axel Springer Gesellschaft für Publizistik GmbH/Co mit der Begründung, dass durch den angestrebten Erwerb der Mehrheit des Springer Verlags durch die Burda Verlagsgruppe eine Gefährdung der Meinungsvielfalt im Pressewesen sowie eine Gefahr für den Wettbewerb gegeben seien. Eine zweite Fusionskontrolle ergab sich, als Springer

---

[7] Ibidem.
[8] Beyer und Carl (2004, S. 28).

2005 versuchte, die Mehrheit der ProSiebenSat.1 Media AG von der P7S1 Holding
L.P., mit den Programmen Sat.1, ProSieben, Kabel 1, N24 zu übernehmen[9].

Infokasten
Dabei hatte Springer nach dem Zweiten Weltkrieg als kleines Unternehmen
angefangen. Gegründet wurde die Axel Springer Verlag GmbH 1946 von
Hinrich Springer, ehemaliger Verleger der Altonaer Nachrichten und seinem
Sohn Axel Cäsar Springer.

1948 gab der Hamburger Senat Springer die Zulassung für das Hamburger Abendblatt als unabhängige, überparteiliche Tageszeitung. Springer
erwarb in der Folge mit dem stetigen Zukauf von Zeitungen eine zunehmend
dominante Marktposition in der Tagespresse. 1952 erschien die Boulevard-
zeitung BILD am Markt. Ein Jahr später kam die von der britischen Militär-
regierung bis dahin herausgegebene Tageszeitung Die Welt hinzu und 1956
erwarb Springer die Mehrheitsbeteiligung der Ullstein AG, die die Berliner
Morgenpost und die B.Z. in Berlin verlegte.

2006 vereinigte die Springer-Unternehmensgruppe einen Marktanteil
von 22,5 % auf sich und überragte damit deutlich die WAZ-Gruppe mit
einem Marktanteil von 5,6 % sowie die Verlagsgruppe Stuttgarter Zeitung/
Rheinpfalz/Südwestpresse mit 5,2 % Marktanteil[10].

2.3.3 Besonderer Schutz des Urhebers

Im Internet können urheberrechtlich geschützte Werke leicht kopiert und verbreitet werden. Anand der Gesetzesnovellierungen 1993 und 1998 wurde der Urheberschutz auch auf die digitalen Medien ausgedehnt, so dass nun Computerprogram-
me, Datenbanken, Pläne und Skizzen mitgeschützt werden.

---

[9] Vgl. hierzu die Untersagung des Fusionsprojektes durch die 6. Beschlussabteilung des
Bundeskartellamtes vom 19. Jan. 2006 unter: http://www.bundeskartellamt.de/wDeutsch/
download/pdf/Fusion/Fusion06/B6-103-05.pdf.

[10] Vgl. hierzu den Abriss der Unternehmensgeschichte. In: Hans-Bredow-Institut (2006,
S. 41–43).

Ein Werk[11] ist dann geschützt, wenn es sich um ein Werk der Literatur, Wissenschaft oder Kunst handelt, wozu auch Musik und Film gehören. Paragraph 1 des UrhG schützt den Urheber in seinen geistigen und persönlichen Beziehungen zum Werk sowie in der wirtschaftlichen Nutzung (Vergütung) des Werkes. Paragraph 14, UrhG schützt den Urheber zudem vor einer Beeinträchtigung oder Entstellung seines Werkes, die seine geistigen und persönlichen Rechte am Werk gefährden. Per Gesetz wird dem Urheber auch das Vervielfältigungs-, Verbreitungs- und Ausstellungsrecht zugesprochen. Vor allem das Recht zur öffentlichen Wiedergabe des Werkes billigt dem Urheber weitere Rechte zu wie das Vortrags-, Aufführungs- und Vorführungsrecht, das Senderecht sowie das Recht der Wiedergabe durch Bild- und Tonträger.

Zu den mit dem Urheberrechtsgesetz geschützten Werken gehören:
u. a. Pantomimische Werke und Werke der Tanzkunst;
Lichtbildwerke, Filmwerke,
Zeichnungen, Skizzen, Tabellen, Pläne, Karten.

Hierbei sind rein persönliche geistige Schöpfungen geschützt. Das Urheberrecht erlischt 70 Jahre nach dem Tod des Urhebers. Das Urheberrecht ist aber auch vererblich. Im Grundsatz ist es eigentlich nicht übertragbar, es sei denn, es wird testamentarisch nach dem Ableben des Urhebers übertragen[12]. Zulässig ist auch zu Lebzeiten der Autoren die Einräumung von Nutzungsrechten ihrer Werke über Lizenzen. So erschienen beispielsweise 1949 in dem Hamburger Kinderbuchverlag Friedrich Oetinger in deutscher Übersetzung die ersten Bände der Abenteuer der inzwischen weltberühmten Figur Pippi Langstrumpf, die die schwedische Kinderbuchautorin Astrid Lindgren[13] geschrieben hat.

Zusätzlich hat der Gesetzgeber Schranken des Urheberrechtes erlassen. Hierzu gehört die eingeschränkte Nutzung und Verbreitung von Werken für Kirchen-, Schul- und den Unterrichtsgebrauch sowie für Schulfunksendungen (§ 46 und § 47). Dies gilt ebenso für öffentliche Reden nach § 48, Zeitungsartikel und Rundfunkkommentare nach § 49 sowie für die Berichterstattung über Tagesereignisse entsprechend § 50.

---

[11] Vergleiche den Gesetzestext zum Urheberrechtsgesetz (UrhG) unter: http://transpatent. com/gesetze/urhg.html.

[12] Ibidem, § 28 Vererbung des Urheberrechts.

[13] Vgl. hierzu die Unternehmensgeschichte des Verlages Friedrich Oettinger unter: http:// www.detlef-heinsohn.de/ki-verlag-oetinger.htm.

Das Urheberrechtsschutzgesetz[14] schützt einerseits die geistige Schöpfung und garantiert andererseits gewerblichen Rechtsschutz[15] des geistigen Eigentums[16]. Über das Patentrecht oder das Recht der Marken und sonstiger Kennzeichnungen erfolgt u. a. der Schutz des geistigen Schaffens im gewerblichen Bereich. Während aber Ersteres ein kulturelles Schaffen bedingt, geht Letzteres von technischer Schaffenskraft aus.

Der Geltungsbereich des Urheberrechtschutzes erstreckt sich auf die Grenzen Deutschlands und darüber hinaus auch auf die Europäische Union. Urheber im deutschen Rechtsgebiet genießen Urheberrechtsschutz, wozu das Veröffentlichungsrecht, die Anerkennung der Urheberehre sowie der Urheberschaft am Werk[17] gehört, unabhängig davon, ob und in welcher Weise die Werke publiziert wurden. Für Staatsbürger eines anderen EU-Mitgliedsstaates oder eines anderen Staates des Europäischen Wirtschaftsraums (EWR) ergibt sich aufgrund der Entscheidung zur Gleichstellung des EuGH der gleiche Rechtsanspruch[18].

Hierzu gehören das Verwertungsrecht und Urheberpersönlichkeitsrecht[19]. Beide Rechtskreise greifen ineinander und sind damit schwer zu trennen. Denn dem Urheber werden im Rahmen des Urheberpersönlichkeitsrechts geistige und persönliche Beziehungen zum Werk zugestanden, sodass er dieses auch – wie zuvor angedeutet – verbreiten und interpretieren kann, was auch unter das Verbreitungs- oder Senderecht fällt. Hier zeigt sich die gemeinsame Schnittmenge zwischen dem Aspekt des Verwertungsrechts und dem des Urheberpersönlichkeitsrechts.

Unter den rechtlichen Schutzanspruch des Urheberrechtsgesetzes fallen allerdings keine alltäglichen kulturellen Schöpfungen. Vielmehr muss nach Auffassung des Gerichts das Werk ein hohes Maß an Qualität aufweisen, damit jenes das Zutreffen des Urheberpersönlichkeitsrechts anerkennt. Es muss ferner einen eigenen geistigen Inhalt aufweisen, der in einer wahrnehmbaren Form dargestellt ist. Trifft beides zu, steht das Wie des Dargestellten und die konkrete Wiedergabe dessen im

---

[14] Vgl. hierzu auch den Gesetzestext des Urheberrechts In: Hucko (2002, S. 27–89).

[15] Vgl. hierzu Götting (2010).

[16] Vgl. hierzu Eisenmann (2001, S. 1).

[17] Eisenmann (2001, S. 27, a. a. O.).

[18] Vgl. hierzu auch das Urteil des Bundesverfassungsgerichts vom 15.02.2001, BVerfG: Urheberrechtliche Gleichstellung von EU-Ausländern unter: http://www.telemedicus.info/urteile/Urheberrecht/758-BVerfG-Az-2-BvR-131996-Urheberrechtliche-Gleichstellung-von-EU-Auslaendern.html. Das Bundesverfassungsgericht schließt sich dem Beschluss des Bundesgerichtshofs vom 23. Mai 1996 zur Gleichstellung der Rechtsposition zwischen Deutschen und EU-Bürgern bzw. Bürger von EWR-Staaten an.

[19] Eisenmann (2001, S. 10).

Fokus der Beurteilung. Was heißt das konkret für Werke der Literatur und Wissenschaft?

Die schöpferische Leistung liegt bei wissenschaftlichen oder literarischen Manuskripten, wozu auch Gedichte, Romane, Liedtexte, Novellen, Briefe oder Tagebücher zählen, in der originellen Gedankenformung und -führung sowie der Sammlung, Aufteilung und Gliederung des Stoffes[20]. Dabei ist nicht das Genie, also der seit der Aufklärung geforderte rein erfinderische Geist gefragt, sondern die eigene, geistige Leistung im ausgebreiteten diskutierten Thema wegweisend, die auf eine eigene Persönlichkeit schließen lassen sollte. Der Gegenstand der Fragestellung oder Untersuchung muss damit keinen gänzlich neuen Inhalt bieten. Insofern ist das Plagiat, also die reine, wortwörtliche Wiedergabe der Literatur keine eigene schöpferische Leistung.

2.3.4   Einschränkungen des Urheberrechts

Findet man beispielsweise Bilder von Personen der Zeitgeschichte im Internet, so darf man laut Urheberrecht diese natürlich nicht kopieren. Es gibt allerdings eine Einschränkung des Rechts bei privatem Gebrauch. Beispielsweise bei den Fotos von Daniel Cohn-Bendit zur Revolte der Jugend im Mai 1968 in Paris darf eine Kopie der Fotos dann erfolgen, wenn sie nicht zu gewerblichen Zwecken genutzt wird, sondern aus Privatinteresse. Einem Freund darf man es schicken, nicht aber einer Zeitung, die sich die Nutzungsrechte des Fotos zuerst erwerben muss. Bei einzelnen Vervielfältigungsstücken ist es erlaubt, diese für den privaten Gebrauch auch durch Dritte herstellen zu lassen. Dies gilt auch für einzelne fotokopierte Buchseiten für eigene wissenschaftliche Zwecke oder beim Anlegen eines Privatarchivs. Die gesetzliche Einschränkung gilt zudem bei Rundfunk- oder Fernsehaufzeichnungen zum privaten Gebrauch. Die durch den privaten Gebrauch entstandenen finanziellen Einbußen des Urhebers müssen vom Gesetzgeber ausgeglichen werden[21].

2.3.5   Gesetzesnovellierung

Das Urheberrechtsgesetz wurde am 9. Sept. 1965 beschlossen, um vor allem die Verwertungsrechte freiberuflicher Urheber und Künstler, die nicht in Festanstellung sind und damit nicht Tarifverträgen unterliegen, Rechte für die gewerbliche

---

[20] Eisenmann (2001, S. 13).
[21] Ibidem, S. 40 ff.

Nutzung ihrer Werke zu sichern, um sich im freien Wettbewerb besser behaupten zu können. Der Bundestag hat dann auf die Initiative des Bundesministeriums für Justiz 1994 und 2000 das ursprüngliche Gesetz am 1. Sept. 2000 geändert, um die Rechtsstellung der Urheber gegenüber den Unternehmen weiter zu stärken[22] und so die Bedeutung des künstlerischen Schaffens für die Kultur in der Bundesrepublik Deutschland hervorzuheben.

Sowohl die vorher angedeuteten ökonomischen Gesetze sowie die rechtlichen Regelungen, denen Medienunternehmen unterliegen, zeigen die Komplexität des Marktes, seiner Strukturen und Zusammenhänge auf nationaler wie internationaler Ebene. Medien müssen sich dabei nicht nur dieser Komplexität anpassen, sondern sind selbst auch kompliziert strukturierte Unternehmen, die ob ihrer Sonderstellung im politischen System selten völlig immun gegen Krisen sind. Besonders zwei Krisen der jüngsten Zeitgeschichte haben die Medienunternehmen gebeutelt. Dies ist die Krise der New Economy von 2001 und die Finanzkrise von 2008/2009.

2.4   Die New Economy und ihre Krise 2001

Der Begriff der Neuen Ökonomie (New Economy) zeigt, dass er sich zu einem anderen Begriff abgrenzt, dem der Alten Ökonomie (Old Economy).

2.4.1   Taylorismus

Die Bezeichnung der Old Economy beruht auf der Vorstellung, dass sich die Wirtschaftsstruktur westlicher Gesellschaften zunächst von der präindustriellen (mit einem mehrheitlich landwirtschaftlichen Sektor) hin zur frühindustriellen Phase entwickelt hat. In dieser Zeit koexistierte neben der Landwirtschaft auch die handwerkliche Arbeit, die sich in den USA auf kleinere Manufakturen und Ateliers konzentrierte und deren Arbeitsweise zunehmend vereinheitlicht und zerlegt wurde. Vor allem der US-Amerikaner Frederick Winslow Taylor (1856–1915) war federführend bei der Vereinheitlichung[23] der Prozesssteuerung dieser Arbeitsabläufe.

In Taylors Vorschlägen zu den Prinzipien des Managements, das zum größtmöglichen Profit der Kapitaleigner in der frühindustriellen Phase führen sollte, scheint seine große Skepsis gegenüber der menschlichen Natur durch. Die

---

[22] Hucko (2002, S. 100).

[23] Vgl. hierzu das Originalwerk Taylors Ideen zum wissenschaftlichen Management. In: Taylor (1911).

Annahme, dass Menschen angepasst, nicht gleichermaßen befähigt und selten bereit sind, bei der Arbeit schnellstmöglich und bestmöglich zu arbeiten, bewog ihn, über die Arbeitsteilung nachzudenken. Ausgehend von den Betrachtungen über das ungleiche Bildungsniveau sowie die unterschiedlichen mentalen Fähigkeiten der Arbeiter gelangt Taylor zur Grundsatzthese seines ökonomischen Denkens: der Notwendigkeit der Trennung der Verantwortungsbereiche zwischen Management und Arbeitern[24]. Dabei sollten die Manager die Wissenschaft weiterentwickeln und die Arbeiter anweisen, mit ihr zu arbeiten. Das Management ist daran interessiert, dass die Arbeitsschritte besser und schneller durchgeführt werden, um so tagtäglich in jeder Stadt, jeder industriellen Branche, jedem Land ein Maximum (100 %) des Outputs der Arbeits- und Maschinenleistung zu erzielen.

Nach Taylors Ansicht ist die Verbesserung der Produktivität zudem gebunden an die Verwissenschaftlichung des Managements, das er auch als „task management" bezeichnete. Dieses sollte nach einer wissenschaftlichen Methode die Verbesserung der Arbeitsprozesse herbeiführen, mit welcher die Arbeiter trainiert und anhand derer sie ihre Fähigkeiten weiterentwickeln können[25]. Die Spielregeln des alten Managements dagegen bestanden darin, dass die Verantwortungsbereiche zwischen Management und Arbeiterschaft kaum getrennt waren. Sie griffen vielmehr ineinander über, ohne echte Hierarchien durch Arbeitsteilung zu schaffen.

Durch die neue Arbeitsteilung im Sinne Taylors wird am Vortag die gesamte Arbeit eines Arbeiters vom Management geplant und über schriftliche Instruktionen übermittelt. Damit verbunden ist die Perfektionierung, Vereinheitlichung bzw. Standardisierung der Arbeitsschritte sowie die Auswahl geeigneter Arbeiter. Taylor schlug vor, die Arbeiter im Einzelgespräch vor die Wahl zu stellen: sich an die neuen industriellen Produktionsbedingungen um 1880 (in den Metall-, Eisen- und Stahlfabriken) anzupassen, was dazu führte, dass sie ihre Arbeit behielten oder diese im gegenteiligen Fall zu entlassen[26]. Zu den Innovationen der Effizienz gehörte auch die Verkürzung der Arbeitszeit von 11,5 auf 8,5[27] Stunden pro Tag, wobei in der gleichen Zeit die gleiche Arbeit geleistet werden sollte. Taylor dachte hierbei auch über die weitere Mechanisierung der Handarbeit nach, die in den zwanziger Jahren des 20. Jahrhunderts schließlich in die Fließbandarbeit überging. Taylors vorgeschlagene Schritte der Mechanisierung sind: Unterteilung der Arbeiterbelegschaft

---

[24] Taylor (1911, S. 26).
[25] Taylor (1911, S. 36).
[26] Taylor (1911, S. 85).
[27] Taylor (1911, S. 88).

in Vorarbeiter und Arbeiter; Einrichtung eines Planungsraums; zeitsparende Implementierungen (Stoppuhr); Instruktionskarten für die Arbeiter etc.[28]

Vor allem seine Vorschläge zur Uniformisierung und Zerlegung komplexer Arbeitsschritte in geistige und körperliche Arbeitsabläufe sowie die damit einhergehende Monotonie des Arbeitstages, die in der Wiederholung der stetig gleichen Arbeitsschritte gipfelt, legten die Grundlagen für die spätere Massenfertigung in Fabriken. Das nach ihm benannte Konzept, das nie unumstritten war, heißt *Taylorismus* und ist die Vorstufe zum *Fordismus*.

2.4.2 Fordismus

Mit Fordismus wird nach dem Ersten Weltkrieg die Einführung der industriellen Warenproduktion bezeichnet. Der Fordismus setzte einerseits das Fundament für die Massenproduktion von Konsumgütern andererseits aber auch für die Grundlagen des Kapitalismus und des Wohlfahrtsstaates. Benannt ist der Fordismus nach dem US-amerikanischen Fabrikanten Henry Ford[29] (1863–1947), der die Ford Motor Company gründete. Ford perfektionierte auf den Grundsätzen des Taylorismus aufbauend die Fließbandarbeit im Automobilbau.

Ford, der am 30. Juli 1868 auf einer Farm bei Dearborn in Michigan geboren wurde, und die Bedingungen der Handarbeit von Farmern kannte, dachte bereits in seiner Jugend darüber nach, wie die landwirtschaftliche Arbeit technisiert werden könnte. Seine Mutter war der Auffassung, dass Henry Ford ein ausgesprochen technisches Talent habe, welches der Sprössling anfangs in einer eigenen Werkstatt auf der Farm ausleben konnte[30]. Zwei Ereignisse aus der Kindheit erwiesen sich dabei als prägend für seine spätere Laufbahn als Großindustrieller im Automobilbereich: im Alter von 12 Jahren sah er erstmals ein Lokomobil in der Nähe von Detroit, ein Fahrzeug, dem keine Pferden vorgespannt waren; im gleichen Jahr bekam Henry Ford eine Uhr geschenkt.

Seine Karriere begann als junger Sachverständiger für Montage und Reparatur von Lokomobilen der Westinghouse Company von Shenectady[31]. Zu dieser Zeit kam ihm die Idee, einen Dampfwagen zu bauen, der die Pferdekraft gänzlich ersetzen und sich als Schlepper zum Pflügen eignen sollte. Dies war zu der Zeit eine moderne, weitverbreitete Vorstellung, die nicht nur die Farmer beschäftigte, da sie

---

[28] Taylor (1911, S. 129–130).

[29] Vgl. hierzu die Autobiographie Ford (2008).

[30] Ford (2008, S. 10).

[31] Ford (2008, S. 12).

häufig unter schlechten Wetterbedingungen in der Landwirtschaft litten und sich eine Art Traktor wünschten. Als Maschinenbauer war Ford bald in der Lage, sein eigenes Automobil zu bauen, einen Wagen mit Dampfbetrieb, dessen Kessel mit Petroleum geheizt wurde[32], welcher allerdings ein hohes Explosionsrisiko barg.

1890 baute der Tüftler Ford den ersten zweizylindrigen Wagen. Diesen verfeinerte er in Detroit, bis er ein Gefährt für zwei Personen entwickelte, dessen Sitz an Pfosten montiert und der Rumpf durch Federn gestützt worden war[33]. Bis er die Ford-Automobil-Gesellschaft gründete, nutzte er seine Stellung in der Elektrizitätsgesellschaft für Forschungen, die auch zur Entwicklung des Vierzylindermotors führten. So baute er im Vorfeld der Unternehmensgründung rund fünfundzwanzig Autos. Zu dieser Zeit war es nicht schwierig, Finanziers zu finden, die sich zunehmend von der Investition im Eisenbahnbereich lösten, um in den aufkommenden Automobilsektor zu investieren.

Ford entwickelte auf den Grundsätzen Taylors aufbauend die industrielle Massenfertigung im Automobilsektor weiter. 1915 ging das Modell Nr. 420 vom Fließband. Die bei der Herstellung berücksichtigten Punkte waren: Qualität des Materials, einfache Konstruktion, Qualität des Motors, zuverlässige Zündung, Güte der Ausführung[34]. Ford war im Vergleich zu anderen zeitgenössischen Automobilherstellern viel erfolgreicher, da er den Gewinn stetig in die Weiterentwicklung des Unternehmens investierte. Dann kam ihm die Idee, einen Wagen zu bauen, der einfach und für jeden leicht zu verstehen war. Dieser sollte aus so billigen Teilen konstruiert werden, dass es günstiger war, Neue zu kaufen, als die alten Teile reparieren zu lassen: Es war das Modell T (die berühmte Tin Lizzy), das Ford für die Masse der Amerikaner produzieren ließ. Die Arbeiter (gelernte Arbeiter, Mechaniker, Werkzeugmacher, Modellschreiner) waren dabei nicht in der Lage, selbst ein Auto herzustellen, sondern konnten einzig das Modell T zusammenzubauen. Die große Masse der Arbeiter im Ford-Betrieb war zudem gänzlich ungelernt[35].

Nach Taylors Prinzipien des wissenschaftlichen Managements sollten die ungelernten Arbeiter nur Grundregeln befolgen. Ihre Bewegung im Unternehmen wurde auf ein Mindestmaß reduziert. In kürzester Zeit sollte immer wieder das gleiche Teil über einen Neunstunden-Arbeitstag hinweg gebaut werden[36]. Ford verfeinerte die Arbeitsschritte durch größtmögliche Arbeitsteilung, beschleunigte sie durch entsprechende Maschinen und sparte damit auch Arbeiter ein und legte

---

[32] Ford (2008, S. 13).

[33] Ford (2008, S. 17/18).

[34] Ford (2008, S. 42).

[35] Ford (2008, S. 67/68).

[36] Ford (2008, S. 70).

letztlich die Grundlagen der modernen Fließbandproduktion. Bereits 1924 hatte er das zehnmillionste Ford-Auto verkauft[37].

In den fünfziger und sechziger Jahren verzeichnen wir in Westeuropa den Beginn der Hochphase der Industrialisierung, die in Deutschland unter dem Begriff des Wirtschaftswunders, in Frankreich unter dem der *Trente Glorieuses* gefasst wird[38]. Es waren die Jahre des ständigen Wachstums und steigenden Konsums, des Übergangs von Klein- in Großunternehmen[39] (in Frankreich vor allem in der Stahl-, Chemie- und Elektroindustrie), der Umverteilung des Wohlstands auf die Gesamtbevölkerung sowie die Jahre der konzertierten Aktion, in denen Gewerkschaften mit Unternehmern bessere Arbeitsbedingungen für die Lohnarbeiter erstritten. Bereits zu Beginn der siebziger sowie Anfang der achtziger Jahre sind die Märkte längst nicht mehr auf die Grenzen der Nationalstaaten reduziert, sondern greifen zunehmend global ineinander über, sodass letztlich nur noch ein Markt mit changierenden stärkeren und schwächeren Weltregionen entsteht, in den wenige große kapitalistische Akteure investieren[40].

2.4.3 Postfordismus mit digitaler Revolution

In den 90er Jahren kam ein weiterer Innovationsschub aus den USA. Die Unternehmen investierten zunehmend in neue Technologien und bauten den Dienstleistungssektor aus. Ökonomen sprechen von der eintretenden Phase des Postfordismus, die neben der sektoriellen Verschiebung (vom sekundären zum Tertiärsektor) auch mit der digitalen Revolution verbunden war, die bald schon den europäischen wie auch Weltmarkt eroberte. Damit hat sich die Industriegesellschaft, die in den siebziger Jahren erste Wachstumskrisen erlebte, zur Informationsgesellschaft weiterentwickelt, deren Güter primär Informationen und Inhalte (Contents) sind, deren Wert aus der weltweiten digitalen Vernetzung, Verbreitung und Verarbeitung geschöpft wird. Investoren haben allerdings den Aufschwung der neuen Branche, wozu auch der E-Commerce gehört, weitaus überbewertet und ihr Wachstumsimpulse zugesprochen, die die Branchenzweige wie das Pay TV oder der Internetversandhandel von CDs, Büchern, Filmen nicht einhalten konnten[41]. Aus den falsch eingeschätzten Wachstumsprognosen und damit einhergehenden hohen Vorab-In-

---

[37] Ford (2008, S. 186).

[38] Vgl. hierzu das Buch eines der wichtigsten Wirtschaftswissenschaftler aus der Denkschule für staatliche Steuerung (Ecole de Régulation) in Frankreich Lipietz (1996, S. 23 ff.).

[39] Vgl. hierzu Berstein und Milza (1995, S. 969–970).

[40] Lipietz (1996, S. 43).

[41] Vgl. hierzu Ehling (2000).

Springer Konzern	AOL Time Warner	Vivendi Universal
198 Millionen Euro Verlust	Wertverlust des Online - Dienstes America Online	Aktie verliert innerhalb eines Jahres zwei Drittel des Wertes an der Pariser Börse
Arbeitsplatzabbau um 10 Prozent	26 Milliarden US Dollar Verlust	Aktie sinkt auf 13, 90 Euro; 2001: 13,6 Milliarden Euro Verlust (größter Verlust eines Unternehmens in der französischen Wirtschaftsgeschichte)
Sparprogramm	Manageraustausch	Austausch des Konzernchefs
Fusion der Springer-Zeitungen: Die WELT und Berliner Morgenpost	Ehemaliger Bertelsmann Konzernchef Thomas Middelhoff ersetzt AOL- Chef Robert W. Pittmann	Jean-René Fourtou, Ex-Chef von Rhone-Poulenc, löst Vivendi-Chef Jean-Marie Messier ab.

Abb. 2.2 Unternehmenseinbußen aufgrund der Krise der New Economy 2001. (Quelle: „Medienkrise setzt Manager unter Druck". In: heise online, 29.7.2002. „Vivendi-Chef Messier tritt ab". In: heise online, 2.07.2002. Vgl. auch Sjurts 2004/2005, S. 104)

vestitionen resultierte 2001 die Krise der New Economy. Sie führte zu kollabieren-den Börsenkursen. Besucher der High-Tech-Messe Cebit versuchten 2001 durch ausgelassenes Feiern über ihre Geldverluste an den Börsen hinwegzukommen. Ein Unternehmer sagte: „Das Geld ist nie weg. Nur hat es jetzt ein Anderer."[42] Die Wirtschaftspresse berichtete von reihenweisen Unternehmenspleiten, die in Spit-zentechnologien investiert hatten. Verbraucher protestierten im Internet. Es trafen sich Vertreter von Banken, Venture Capital Gesellschaften und Beraterunterneh-men zum Krisengipfel am 7. Juni 2001 an der Universität Kiel[43], um der Frage nach-zugehen, wie die Krise zu managen sei.

Die Krise der New Economy 2001, auch Dot.com-Krise genannt, stellte vor al-lem für global agierende Medienunternehmen eine völlig neue Herausforderung dar. Die von ökonomischem Erfolg und Wachstum verwöhnte Branche erlitt die erste große Talfahrt seit Ende des Zweiten Weltkrieges. Der seit 2001 anhaltende Rückgang in den Rezipienten- und Werbemärkten führte zu hohen Umsatzeinbu-ßen. Viele Medienunternehmen verzeichneten Tiefstände ihrer Börsenwerte. Sie hatten die Marktpotentiale besonders der Neuen Medien, des Internets und der mobilen Telekommunikation, überschätzt[44] (Abb. 2.2).

---

[42] http://einestages.spiegel.de/static/entry/als_die_grosse_blase_platzte/2792/die_new_eco-nomy_und_der_boersencrash.html?o=position-ASCENDING&s=3&r=1&a=577&c=1.

[43] http://www.krisennavigator.de/503.0.html#c1746.

[44] Vgl. hierzu Sjurts (2004/2005, S. 100).

Alle drei Medienunternehmen die Bertelsmann AG, AOL Time Warner – AOL hatte erst am 10. Jan. 2000 eine Fusion mit Time Warner durchgeführt – und Vivendi Universal (VU) nahmen aufgrund der Verluste und der gesunkenen Börsenwerte einen Austausch der Unternehmensspitze vor.

Infokasten

Die Firmengeschichte von VU beginnt 1853 als Companie Générale des Eaux in Paris, einer Wasserversorgungsgesellschaft unter dem Kürzel CGE bekannt. Das anfängliche Kerngeschäft der Wasserversorgung des Unternehmens wird auf neue unverwandte Geschäftsbereiche (unrelated diversification) ausgedehnt. Ab 1983 kommen Beteiligungen im privaten Fernsehbereich bei Canal Plus und Pay TV hinzu. Kurz darauf erfolgt der Einstieg in die Branchen der Telekommunikation und Massenmedien. 1998 wird CGE in den Firmennamen Vivendi umbenannt.

Nach der Fusion mit Canal Plus und dem kanadischen Medien- und Getränkekonglomerat Seagram 2000 erhält das Unternehmen seinen derzeitigen Namen Vivendi Universal (VU). Zum Konzern gehören auch die weltweit größte Plattenfirma Universal Music mit der Universal-Studios-Holding, eines von sechs Hollywood-Studios.

Hohes Medieninteresse erzielte besonders der Manageraustausch bei Vivendi Universal (VU). Die französischen Medien berichteten über den Wechsel zwischen dem damals 63-jährigen Chemiemanager Jean-René Fourtou, ehemaliger Chef des traditionsreichen Chemie-Unternehmens Rhone-Poulenc, das nach der Fusion mit Höchst zum Aventis-Konzern mit Hauptsitz in Straßburg und Paris umbenannt wurde, und dem Vivendi-Chef Jean-Marie Messier. Der Verwaltungsrat von VU hatte sich nach der Talfahrt der Vivendi-Aktie, Verlusten von 13 Mrd. € allein im Jahr 2001 sowie Schulden in Höhe von 34 Mrd. € gegen den 45-jährigen Konzernleiter Jean-Marie Messier ausgesprochen, der sich vehement gegen die Entscheidung wehrte. Messier hatte 1996 Guy Dejouany an der Spitze der ursprünglichen Wasserversorgungsgesellschaft abgelöst[45]. Vor allem auch die US-Großaktionäre hatten Messier das Vertrauen entzogen. Man stellte ihn u. a. wegen seines Führungsstils vor die Alternative, entweder freiwillig zurückzutreten oder seinen Rücktritt zu erzwingen.

---

[45] Vgl. hierzu Jean-Marie Messier laché par les siens, In: Libération, 1. Juli 2002. http://www.liberation.fr/economie/0101418153-jean-marie-messier-lache-par-les-siens.

2.4.4   Reaktionen der Global Player

Was den Global Playern AOL Time Warner Inc. als weltweit größtes Medienunternehmen, gefolgt von Vivendi Universal, dem zweitgrößten Medienkonzern, und
Bertelsmann als dem größten deutschen Medienunternehmen bei der Krise 2001
letztlich zum Nachteil gereichte, war die systematische Anwendung ökonomischer
Gesetze wie das der *Größendeggressionsvorteile*. Es besagt, dass, wenn Güter mas-
senweise hergestellt werden, die Stückkosten sinken. Auch die Strategie der *Diversifikation* (Ausdehnung des Leistungsprogramms auf neue Produkte und neue
Märkte) sowie das Ausnutzen von *Synergiepotentialen*, dem Zusammenspiel ver-
schiedener Kräfte zu einer Gesamtleistung bei Unternehmensfusionen, wirkten
sich letztlich nachteilig auf die Unternehmensbilanzen aus.

AOL Time Warner   Besonders die von Time Warner erhofften Synergiepotentiale
nach der Fusion mit dem an der Börse überbewerteten Internetunternehmen AOL,
das Time Warner 25 Mio. neue Kunden in 100 Ländern bringen sollte, erfüllten
sich letztlich nicht. Im Zuge der erwarteten Breitband-Revolution wurden neue
Technologien für Internet und Fernsehen entwickelt, von denen man sich gewinn-
bringende Geschäftsfelder und Wertschöpfungsketten erhoffte. Das Unternehmen
baute nach der Unternehmensvergrößerung aber vergeblich auf die Nutzung der
Wertschöpfungskette im Netz- und Telekommunikationsbereich mit Hilfe von
Content-Packaging und dessen Vermarktung. Denn schon bald nach der Fusion
der beiden Weltunternehmen mussten die Werte in der Internetsparte stark nach
unten korrigiert werden. AOL litt unter Abonnentenschwund und einem Schul-
denstand von 26 Mrd. USD[46].

   Die Strategie des Time Warner-Unternehmens der unrelated (nicht auf den
Kerngeschäftsbereich bezogenen) Diversifikation hatte sich folglich nicht ausge-
zahlt. Time Warner hatte seine Geschäftsbereiche ursprünglich in der Fernseh- und
Filmproduktionssparte sowie im Musikgeschäft aufgebaut. Weder über den von
Time Warner seit Ende der 90er Jahre gegründeten Online-Dienst Road Runner
noch als Kabelnetzbetreiber in den USA konnten die Time Warner Inhalte (CDs,
DVDs von Hollywood-Filmen, Pay TV) gewinnbringend vermarktet werden. Als
Folge trennte sich Time Warner von den neuen risiko- und investitionsreichen
Geschäftsfeldern, besonders der Telekommunikationsindustrie und kehrte zu sei-
nem Kerngeschäft zurück.

---

[46] Sjurts (2004/2005, S. 101–102, a. a. O.).

Vivendi Universal (VU) Vivendi Universal (VU) erlebte 2001 den größten Verlust eines Unternehmens in der französischen Wirtschaftsgeschichte. Insofern überrascht es kaum, dass der plötzlich große Finanzdruck auf dem Konzernchef Messier lastete. Auch bei VU hatte sich die Strategie der Unternehmensfusion mit dem Konzern Seagram nicht ausgezahlt, obgleich das Unternehmen bei verwandten Geschäftsfeldern blieb. Anfangs wuchs der Konzern rasant durch den Kauf von Kabelsendern und Fernsehstudios des TV-Konzerns USA Networks, welcher aber gleichzeitig zu einen hohen Schuldenberg führte, der der Expansion ein schnelles Ende bereitete. Vivendi trennte sich in der Folge von einem Großteil des Tochterunternehmens, Vivendi Universal Entertainment, zu der u. a. Freizeitparks und US-amerikanische TV-Senderbetreiber gehörten. VU verkaufte es an die General Electric Tochter NBC. Der Konzern konzentriert sich heute auf die Telekommunikationsbranche[47].

Bertelsmann AG Exemplarisch von der Krise 2001 betroffen war auch der größte deutsche Medienkonzern, die Bertelsmann AG. 1835, von Carl Bertelsmann als Verlag für religiöse Literatur gegründet, entwickelte sich der Verlag kurz vor Ende des Zweiten Weltkriegs zum größten Buchverlag Deutschlands. Zwischen 1940 und 1943 machte er mit der Herausgabe von Wehrmachtsbüchern hohe Gewinne. Nach der Schließung des Verlags 1949 beginnt der Ausbau zum Weltunternehmen kurz nach der Gründung der Bundesrepublik Deutschland. Grundlage seines wirtschaftlichen Erfolges war zunächst ein Lesering, womit Bücher preisgünstig verkauft wurden. 1954 hatte der Verlag 1 Mio. Kunden, zwei Jahre später mehr als das Doppelte. Ende der sechziger und zu Beginn der siebziger Jahre streckte der Konzern mit dem Erfolgskonzept seine Fühler ins Ausland aus und begründete einen Lesering sowohl in Spanien als in auch Frankreich. Die fünfziger Jahre waren dem Ausbau des Kerngeschäftes im Buchbereich gewidmet.

Dann kamen im Rahmen der Strategie der Diversifikation neue Medien hinzu. Bertelsmann gründete 1956 einen Schallplattenring, 1958 die Plattenfirma Ariola und hatte auch ein erfolgreiches deutsches Musiklabel. Mitte der sechziger Jahre erwarb das Unternehmen Beteiligungen der Ufa, 1969 eine 25-prozentige Beteiligung bei Gruner + Jahr, die es 1973 zu einer Mehrheitsbeteiligung ausbaute. Bereits Ende der 90er Jahre wurden die Weichen für einen globalen Konzern geschaffen, zu dem heute mehrere 100 Unternehmen gehören. Bertelsmann erschloss sich zunehmend

---

[47] Sjurts (2004/2005, S. 104).

Märkte in der Europäischen Union, Südamerika und den USA und investierte parallel dazu in die Internet-Branche[48].

Das deutsche Unternehmen hatte bereits vor der Krise 2001 alle Wertschöpfungsketten der Medienbranche ausgeschöpft und hierbei vermehrt in die Telekommunikationsbranche, die Netzdienste und den Internet-Vertrieb für seine Contents investiert, mit dem Ziel, ein Multimediahaus zu werden. Mit Beginn der Krise korrigierte es jedoch seine Strategie der Diversifikation und erklärte den Vertriebskanal des Internets vom Hauptgeschäftsfeld nur noch zu einem Geschäftsfeld unter anderen. Zudem stieß es eine verlustreiche Netzzeitung ab und trennte sich größtenteils vom Internetbuchhändler BOL[49].

2.4.5   Sind die Medien nach der Krise 2001 die Gleichen wie zuvor?

Die Medien sind nach der Krise 2001 nicht mehr die Gleichen wie zuvor. Diese These kann mit Gewissheit behauptet werden, ohne dass sie junge Journalisten allzusehr beunruhigen sollte, denn die Zugangschancen zum Journalistenberuf sind nach wie vor gegeben. Einzig der Markt hat sich verändert und damit einhergehend die Strukturmerkmale, besonders die der Zeitungsredaktionen. Einen wissenschaftlichen Nachweis hierfür bietet die Untersuchung[50] und Umfrage im Fachgebiet Kommunikationswissenschaften und Journalistik der Universität Hohenheim (Stuttgart) unter 135 Chefredakteuren der Tageszeitungen mit Vollredaktion in Deutschland im Juli/August 2002. Auf die kurzfristig wirksam gewordene Krise mit Auflageneinbrüchen bei jungen Lesern, Rückgang des Anzeigengeschäfts und einer härteren Konkurrenz zwischen alten und neuen Medien haben besonders die Zeitungsverlage reagiert und ihre Geschäftsstrategien geändert. Wenn zuvor der personelle Ausbau der Redaktionen im Fokus der Managementstrategien stand, ist es nach der Krise das Sparen, das mit betriebsbedingten Kündigungen einherging. Dadurch wurden langfristige Strukturveränderungen in der Medienlandschaft ausgelöst. Wichtig hierbei ist die Chronologie der von den Chefredakteuren angeführten Ursachen der Krise. So vertraten laut der Umfrage die Entscheidungsträger der Medienunternehmen beinahe einhellig die Meinung, dass die Konjunkturlage Wandel mit sich brächte. Jene erreichte ihrer Ansicht nach Krisenausmaße wegen

---

[48] Vgl. dazu das kurze Firmenporträt der Bertelsmann AG In: Hans-Bredow-Institut (2006, S. 52–55).

[49] Sjurts (2004/2005, S. 106).

[50] Mast (2003).

Rang	Ursache der Probleme	Antworten in Prozent
1.	Konjunkturlage	Erkannten 94,1 Prozent der Chefredakteure als wichtigstes Problem
2.	Abwanderung von Anzeigen	61,1 Prozent
3.	Flexible Lesegewohnheiten	42,8 Prozent
4.	Neupositionierung der Verlage	30,1 Prozent
5.	Vergrößerung des Informationsangebots	17,9 Prozent
6.	Zu wenig Innovationen	16,7 Prozent
7.	Leseverluste an andere Medien	10,8 Prozent
8.	Publizistische Konkurrenz des Internets	9,4 Prozent

Abb. 2.3 Ursachen der Probleme der Tageszeitungen in der Prioritätenskala. (Quelle: Mast 2003, A. a. O., S. 7–8)

der Anzeigeneinbrüche, der Veränderung der Lesegewohnheiten und der härter werdenden Konkurrenz auf dem publizistischen Markt infolge des zunehmenden und stärker ausdifferenzierten Medienangebots (Abb. 2.3).

Einen Schritt in Richtung Innovationen tätigten die Tageszeitungen, indem sie sich vom reinen Themenschwerpunkt der Aktualität wegbewegten, um die Orientierungs- und Integrationsfunktion von Printmedien für den Leser auszuschöpfen, womit das Dienstleistungsangebot stärker serviceorientiert ausgerichtet wurde. Dennoch sind sich die Chefredakteure einig in dem Punkt, dass das Genre Zeitung im Informationsangebot unersetzbar ist, da es zum einen die Vielfalt der Welt abbildet und zum anderen in der demokratischen Gesellschaft Diskussionsforum für Kontroversen bietet[51] (Abb. 2.4).

Auch die Art der Berichterstattung hat sich seit der Krise 2001 stark verändert. Damit haben sich auch die Erwartungen an festangestellte Redakteure und freie Mitarbeiter geändert. Aufgrund der Krise, der Sparprogramme und Einbrüche im Werbe- und Rezipientenmarkt positionierten sich die Medien neu. Im publizistischen Profil der Zeitungen geht es nun weniger um die Ereignisberichterstattung, sondern darum, Konsequenzen der Entwicklungen für Leser transparent zu machen und hinreichend zu erläutern. Die Zeitung entwickelt sich damit weg von der reinen Chronistenpflicht, definiert als Zeitung im Spiegel der Ereignisse, hin zum Ratgeber, Interpreten, Navigator in einem dichten Informationsangebot. Seit 2001 gewinnen auch Special Interest Medien an Leser und Profil in der Medienlandschaft. In der Themenwahl geht es nun vermehrt um Analyse, Einordnung und Bewertung der Themen. Insofern kommt Journalisten, die Leitungsfunktion oder

---

[51] Mast (2003, S. 10).

Rang	Erwartungen	Antworten in Prozent
1.	Hintergründe analysieren	95,2 Prozent
2.	Themen erkennen	94,1 Prozent
3.	Entwicklungen kritisch begleiten	85,7 Prozent
4.	Ratgeber im Alltag zu sein	81 Prozent
5.	Unterhaltung liefern	71,4 Prozent
6.	Zielgruppen kennen	58,1 Prozent
7.	Für mehrere Medien tätig sein	32,1 Prozent
8.	Kommentieren	71,4 Prozent
9.	Spezialisieren auf Fachthemen	30,1 Prozent
10.	Externe Berufserfahrungen	27,4 Prozent

Abb. 2.4 Neue Erwartungen an Journalisten in der Prioritätenskala. (Quelle: Mast 2003, S. 11)

eine rein schreibende Funktion in der Redaktion ausüben, die Aufgabe zu, Hintergründe zu analysieren bzw. Fachthemen verständlich für den Leser aufzuarbeiten. Redakteure müssen auf diesem Hintergrund vielseitig gebildete Experten sein, die in den diskutierten Sachthemen wenigstens über Grundlagenwissen verfügen.

Nicht nur das Nachrichtenmagazin der Spiegel, sondern auch andere Qualitätsmedien in Deutschland greifen aus diesem Grund gerne auf Mitarbeiter mit einem ganz speziellen Fachwissen (beispielsweise in der Astro- oder Teilchenphysik, Kunst, Medizin, Archäologie, Meereswissenschaften) zurück. Allein auch die Ausdifferenzierung der Ressorts innerhalb der 1946 gegründeten Wochenzeitung die Zeit bestätigt diesen Trend bei den krisenfesten Qualitätsmedien, Analyse und Hintergrund in immer mehr gesellschaftsrelevanten Bereichen anzubieten.

Infokasten
Die Zeit erscheint mit einer wöchentlichen Auflage von 500.000 verkauften Exemplaren und erreicht mit jeder Ausgabe rund 2 Mio. Leser. Ihr Themenangebot ist seit der Unternehmensgründung inzwischen breiter aufgestellt und bietet die Ressorts Politik, Wirtschaft, Kultur, Wissenschaft, Bildung, Gesellschaft, Reisen und Geschichte an.

Nicht nur bei der Zeit werden die diversen Themen auch crossmedial (Print, Online, Audios und Videos) aufbereitet. Dabei kann die Online-Ausgabe eines Printmediums unterschiedliche Funktionen haben: von der Compagnion-Site bis zum Online-Auftritt als neuem unabhängigen Standbein der Printmedien, der sich völlig von der Printausgabe (beispielsweise bei Spiegel Online) unterscheidet (Abb. 2.5).

2.4.6 Neues vom US-Medienmarkt

Dass der US-Medienmarkt eine besondere Strahlkraft auf europäische wie internationale Medienmärkte besitzt, ist bereits bei der Skizzierung des amerikanischen Mediensystems in Kapitel I des Buches deutlich geworden. Die Strahlkraft schließt positive wie negative Aspekte mit ein. Mit dem in Industrieländern seit Beginn der neunziger Jahre stetig steigenden Auflagenverlust der Tageszeitungen, von dem besonders auch die US-Printmedien betroffen sind, gehen Innovationen einher, die den Journalismus zum „market-driven-journalism"[52] machen, der die Nachrichten positiviert und in Richtung Infotainment abwandelt, das heißt mit „soft news", die im eigentlichen Sinne keine Nachrichten sind, auch aufmacht. Hierbei können auch die Grenzen zwischen PR und Berichterstattung verschwimmen, was gegen den Ehrenkodex des Deutschen Presserates verstieße.

So wird kritisiert, dass sich bei US-Medien die Qualität der Berichterstattung verschlechtert habe. Nationale Beobachter[53] des amerikanischen Printmedienmarkts wie auch US-amerikanische Wissenschaftler stellen fest, dass besonders US-amerikanische Journalisten immer mehr unter ökonomischen Druck geraten und dabei Gefahr laufen, sich zunehmend an reinen Profitkriterien und neuen Marketingrichtlinien auszurichten.

Die in den deutschen Medien so hochgehaltene Trennung zwischen Verlag und Redaktion sowie der Tendenzschutz scheinen in amerikanischen Zeitungsmedien nicht die gleiche Bedeutung zu haben. Folgen sind das Einbüßen des Qualitätsjournalismus und die damit für den Leser wichtigen Qualitätsinformationen. Die Praxis sieht häufig so aus, dass viele amerikanische Redaktionen inzwischen auf rechercheintensive Geschichten verzichten, da sie für den Verlag zu zeit- und kostenintensiv sind.

Neueste Managementstrategien für US-amerikanische Redaktionen heben stärker auf die Verzahnung von Zielen des Redaktionsmarketings mit denen des Redaktionsmanagements ab. Esser und Kaltenhäuser betonen hierzu, dass strategische Ziele künftig hauptsächlich markt-, wachstums- und zukunftsorientiert sind. Infolge der Kundenorientierung als Leitmaxime geht es im Management zentral um die

---

[52] Vgl. hierzu Weischenberg (2001, S. 61–82).
[53] Esser und Kaltenhäuser (2001, S. 87).

Internet als Marketing-Instrument	Schlankes Online-Angebot als Appetit-Happen, um Leser für die Printversion der Tageszeitung zu gewinnen (Regionale Tageszeitungen)
Internet als weiterer Vertriebsweg	Die gedruckten Inhalte werden einem breitem Publikum online zugänglich gemacht; Compagnion Site /Idee von GEO bzw. GEOlino Online in seinen Anfängen.
Inhalte zwischen Print und Online	Identisch
Internet als Schritt zur Diversifikation des Verlags	Internet als neues Standbein, unabhängig vom Printmedium, plus crossmediales Engagement mit Audios und Videos (Spiegel Online)

Abb. 2.5 Nutzung des Internets. (Quelle: Spachmann 2003 und eigene Recherchen der Autorin)

Ermittlung der Wünsche und Bedürfnisse der Leser. Modernstes Redaktionsmarketing berücksichtigt dabei vier Grundaspekte in der redaktionellen Arbeit:

1. Serviceorientierung mit Zielgruppenbezug – und Themen (Beispielsweise in Form einer Reiserubrik). Die Berichte weisen einen lokalen Bezug auf, bieten Lebenshilfe und Verbrauchernähe an.
2. Rückbindung an die Leser (über Diskussionsforen, Gewinnspiele, Leseraktionen etc.),
3. Unterhaltung (über Farbe, Graphiken, Bilder),
4. Qualitätsmanagement (Fehlerquote gegen Null senken, Vermeiden des Niveauverlusts in der redaktionellen Arbeit)[54].

Zur Unterhaltung gehört die Fokussierung der Berichterstattung auf Positivthemen, ohne dabei an Seriosität einzubüßen.

In der Neuausrichtung des US-amerikanischen Redaktionsmanagements ist man ferner um die Optimierung von Organisations- und Ablaufstrukturen bemüht und arbeitet im Redaktionsalltag mit höchster Effizienz und Motivationseffizienz der Belegschaft. Letztere lässt sich an der Arbeitszufriedenheit, der Leistungsbereitschaft und Eigenverantwortung der Mitarbeiter messen. Mit Effizienz ist Prozesseffizienz gemeint, mit der Arbeitsabläufe optimiert werden; sie schließt auch die Ressourceneffizienz mit ein, womit das Leistungs- und Kreativpotential der Mitarbeiter gesteuert wird[55].

---

[54] Esser und Kaltenhäuser (2001, S. 88, a. a. O.).

[55] Ibidem.

Traditionelle Arbeitsprozesse werden zudem aufgebrochen und in neue Aufgabenbereiche in den Redaktionen unterteilt. Das Stichwort hierbei ist Flexibili-
tät. So gibt es beispielsweise nicht mehr einen Redaktionsschluss, sondern je nach
Medium, das kundenorientiert produziert wird, viele Schlusstermine. Die Online-
Redaktion produziert in flexiblen Arbeitszeiten rund um die Uhr News. So gibt es
für den News-Letter einen anderen Schlusstermin als für das Printmedium. Die
Umgebung der Redaktionen erweitert sich auf eine digitale multiple-Media-Um-
gebung. Bestimmendes Kriterium ist die Informationsgewinnung und das Infor-
mationsmanagement. Dazu gehört das ständige „updaten" von Datenbanken, die
Beschaffung spezieller Informationen und die Ermittlung von Fakten[56].

Mit der Erstellung von Digitalarchiven sowie dem Aufbau von Online-Redak-
tionen entstehen auch neue Berufssparten wie der Digital-Archivar oder der News
Researcher. Ein illustratives Beispiel für die Einführung dieser neuen Berufssparten
stellt die amerikanische Tageszeitung the News & Observer in Raleigh, North Carolina dar, die 1996 mit der Strategie der Leserbindung als Selbstvermarktungsinstru-
ment sowie der Einführung neuer Technologien eine Auflagensteigerung in North
Carolina erzielte und dafür einen von drei Pulitzer-Preisen erhielt.

Dabei liefert der News Researcher dem Reporter, der vor Ort recherchiert, um
den lokalen Bezug zum Thema herzustellen, alle übergreifenden Hintergrund-
informationen zur Thematik, um ihr einen vertieften und universellen Charakter zu verleihen. Der Digital-Archivar hingegen ergänzt täglich die elektronischen
Text- und Bildarchive mit den neuesten Informationen[57].

2.4.7 Neue Managementstrategien in deutschen Printmedien

Auch auf dem deutschen Medienmarkt werden seit der Krise 2001 Veränderungen deutlich, die sich einerseits in einem Rückgang der Titel der Tageszeitungen
äußern. Der 1948 gegründete, in fünf Kontinenten und in über 122 Ländern vertretene Dachverband der World Association of Newspapers (WAN)[58] mit Sitz in
Paris, dem in Deutschland der Bundesverband Deutscher Zeitungsverleger ange-
hört, weist andererseits einen statistischen Rückgang im Nutzungsverhalten der

---

[56] Esser und Kaltenhäuser (2001, S. 93–94, a. a. O.).

[57] Esser und Kaltenhäuser (2001, S. 102, a. a. O.).

[58] Der weltweit vertretene Dachverband der Zeitungsverlage, World Association of Newspapers (WAN), versteht sich selbst als NGO, Nicht-Regierungs-Organisation, die vor allem die
Ziele der Pressefreiheit und wirtschaftlichen Unabhängigkeit der Printmedien weltweit vertritt. Zu seinen Aufgaben zählt auch die Analyse der Mediatrends, neuer Technologien und
Geschäftsmodelle innerhalb der Zeitungsverlage. http://www.wan-press.org/article390.html.

Leser von Tageszeitungen zwischen 2003 und 2006 (von 39 auf 28 Leseminuten pro Tag) nach. Im Wesentlichen hat sich die Altersstruktur der Leser verändert. Dabei zeichnet sich die Tendenz ab, dass junge Leser zwischen 14 und 19 Jahren immer weniger bereit sind, eine Tageszeitung zu lesen; während die Kernleserschaft der Tageszeitungen mit 18,2 % die Leser zwischen 40- bis 49-Jahren darstellen[59]. Nachweislich haben auch in dem Zeitraum zwischen 2002 und 2005 die Werbeeinnahmen der deutschen Tageszeitungen abgenommen. Auf diesem Hintergrund werden Innovationen begrüßt. Allerdings kommen diese auf dem amerikanischen Medienmarkt vorherrschenden Neuerungen häufig erst mit einer Verspätung von fünf bis zehn Jahren in den deutschen Redaktionen an.

Insofern wird 2011 im Rahmen der Publikationen der World Association of Newspapers die Frage der Qualität in der journalistischen Berichterstattung und Printmedienproduktion als Schwerpunktthema diskutiert. Um das Risiko des Qualitätsverlustes der Printmedien hinsichtlich einer angespannten Marktsituation zu minimieren, haben deutsche Redakteure Qualitätskriterien erörtert. Wichtige Voraussetzungen und Standards sind aus ihrer Sicht: die Erstellung eines farbig hochwertigen Printprodukts, gutes Druckpapier, Kundenzufriedenheit, leserfreundliche Berichterstattung, hohe Motivation und viel Wissen der Redaktionsteams, die die Prozesse zur Herstellung des Printproduktes beherrschen sollten[60].

Um die Qualität im redaktionellen Newsroom zu verbessern, schlagen deutsche Verleger eine reibungslose Arbeitsweise vor. Viele Fehler entstünden durch unzureichende Kommunikation zwischen den Kollegen, die alle an der Herstellung eines Printproduktes beteiligt seien. Jeder, der in den Produktionsprozess eingebunden ist, müsste über alle notwendigen Informationen verfügen. Qualitätsmanager sollten auf den Prozess einwirken können, um Qualitätsziele einzuhalten und auf die Motivation der Mitarbeiter zu achten. Dazu gehöre auch das fristgemäße Abliefern der Artikel sowie das Vermeiden von Fehlern mit Hilfe ausreichender Kontrollen[61].

Stefan Schröder, Chefredakteur des Wiesbadener Kuriers, betont, dass auch die Bilder eine Mindestauflösung im Printprodukt aufweisen müssten. Nach Auffassung von Christian Pohler, Chef der Bildredaktion der F.A.Z., ist ein gutes Zeitungsbild vor allem an der Erfüllung der journalistischen Kriterien zu erkennen.

---

[59] Vgl. hierzu den Länderbericht für Deutschland 2007 des Verbands World Association of Newspapers – World Press Trends 2007 unter: http://www.wan-press.org/worldpresstrends/articles.php?id=58.

[60] Vgl. Die Ausgabe „A newsroom project is never simply finished". In: wan/ifra-Magazine, May/June 2011, S. 28 ff. http://epaper.wan-ifra.org/2011_0506_en/#/28/.

[61] Vgl. den Unterpunkt, „Personnel must master the process and be motivated". In: wan/ifra-Magazine, May/June 2011, S. 28 ff., a. a. O.

Top-Prioritäten seien zudem Qualität und Authentizität der Fotos. Dabei sei für elektronische Medien auch eine geringere Bildauflösung akzeptabel[62].

2.5   Finanzkrise 2008/2009

2008 wurde die Weltwirtschaft durch eine weitere Krise, die Finanzkrise, erschüttert, die 2009 Europa und die deutsche Wirtschaft erreichte und 2011 in Form einer Refinanzierungskrise einiger souveräner Nationalstaaten innerhalb der EU, die ihren Kreditverpflichtungen nicht mehr nachkommen konnten, erneut ausbrach.

Ein bedeutender Analytiker der Finanzkrise 2008/2009 ist unbestritten der Historiker Robert Skidelsky, der politische Ökonomie an der Universität Warwick in England lehrte. Er hat die Ursachen der Finanzkrise nicht nur klar und deutlich erörtert, sondern auch Lösungen hierfür aufgezeigt und dabei John Maynard Keynes in den Mittelpunkt der Debatte gerückt.

2.5.1   Ursachen der Krise 2008/2009

Bei Krisen mit derartig globalem Ausmaß spielen immer mehrere Faktoren zusammen, so dass nicht von einer Ursache allein ausgegangen werden kann. Skidelsky sieht eine wesentliche Ursache darin, dass die Wirtschaftswissenschaften versagt hätten. Da diejenigen, die an sie glauben, für die Deregulierung der Finanzmärkte plädiert hätten, die zunächst zur Kreditexplosion, dann zum Kollaps und schließlich zur Kreditverknappung geführt hätte.

Die Krise verdichtete sich zwischen 2007 und 2008 in einer Bankenkrise[63]. Internationale Finanzexperten sahen die Ursache der Bankenkrise im US-amerikanischen Subprime-Markt. Dieser Markt geriet in dem Moment in die Krise, als wesentlich zu viele Subprime-Kredite an Verbraucher mit geringer Bonität vergeben wurden. Die Kreditnehmer mit zweit- und drittklassiger Bonität nahmen von den Banken Hypotheken zum Hauskauf auf. Dies geschah in den USA besonders in der Phase des Immobilienbooms. In der Zeit von 1994 bis 2005 erhöhte sich die Anzahl der Hauseigentümer von 64 auf 69 %. Gleichzeitig überstieg der Durchschnittspreis für ein Haus das 4,6-Fache des durchschnittlichen Jahreseinkommens[64]. Skidelsky geht davon aus, dass zwei Faktoren den Immobilienboom beförderten: Die Clin-

---

[62] „Is image quality really important?" In: wan/ifra-Magazine, May/June 2011, S. 28 ff., a. a. O.

[63] Skidelsky (2010, S. 15).

[64] Skidelsky (2010, S. 28).

ton-Regierung hatte einerseits staatlich geförderte Finanzinstitute (beispielsweise die Hypothekenbank Fannie Mae) angespornt, vermehrt Bevölkerungsschichten mit geringem Einkommen Immobiliendarlehen anzutragen. Andererseits verga- ben private Darlehensgeber Hypothekenkredite an sogenannte Ninjas (no income, no job, no assets), Kunden ohne Arbeit, Einkommen und Vermögen[65]. Das unse- riöse Geschäft der Banken und Kreditvergeber bestand darin, dass diese Kunden mit Lockzinsen geködert wurden, die in der Folge stark anstiegen. 2005/2006 wur- de der Immobilienmarkt mit dem Anstieg der Kreditbeschaffungskosten und der Senkung der Immobilienpreise erschüttert[66]. Dies führte dazu, dass viele Schuldner zahlungsunfähig wurden und ihre Kredite nicht zurückzahlen konnten.

Diese Situation traf die Banken sehr hart, denn die Ansprüche der Finanzie- rungsgeber waren zuvor gebündelt und als Wertpapiere an Investmentbanken und Hedgefonds veräußert worden. Die Verbriefung dieser Art Vermögenswerte, bzw. der Subprime-Hypotheken, fand Eingang in die Bücher der Banken weltweit. Ein weiteres Problem bestand darin, dass die Banken auf der Grundlage dieser toxi- schen Wertpapiere die Eigenkapitalquote nicht korrekt angaben. Als diese Wert- papiere nichts mehr wert waren – die US-Hauspreise waren eingebrochen, der Leitzins gestiegen – meldeten viele Banken Insolvenz an. Im August 2007 traf es die größte Bank Frankreichs, die BNP Paribas, dann die britische Bank Northern Rock, im März 2008 die fünftgrößte US-Bank Bear Sterns, die jedoch noch vor dem Bankrott gerettet werden konnte[67]. Mit der Insolvenz der privaten Investmentbank Lehman Brothers am 5. Sept. 2008 sprach man dann vom größten Unternehmens- bankrott in der Geschichte, da Gläubiger in 40 Ländern betroffen waren[68]. Diese wie viele andere Banken hatten die inzwischen wertlosen Wertpapiere aus Immo- bilien zur Eigenkapitalquote hinzugerechnet und verfügten deshalb über nicht aus- reichend Kapital.

2.5.2 Reaktionen auf die Finanzkrise

Die Bankenkrise mündete in eine Finanzschmelze, die bald die Finanzmärkte in der ganzen Welt ins Taumeln brachte. Der reihenweise Bankenbankrott löste an den Finanzmärkten Nervosität mit der Folge aus, dass zuerst in den USA die Gelder

---

[65] Ibidem.

[66] Skidelsky (2010, S. 29).

[67] Skidelsky (2010, S. 32).

[68] http://www.handelsblatt.com/unternehmen/banken/lehman-brothers-verlaesst-glaeubi- gerschutz/5929312.html.

aus den Geldmarktkonten abgezogen wurden. Infolge schnellen Handelns konnte die US-Regierung jedoch noch rechtzeitig verhindern, dass die US-Wirtschaft und damit auch die Weltwirtschaft innerhalb von 24 Stunden kollabierte. Der US-Finanzminister Henry Paulson hatte die Panik auf den Geldmarktkonten verfolgt und entsprechend agiert. So ließ er bis 14 Uhr am 18. Sept. 2008 die US-amerikanischen Konten schließen, denn sonst wären innerhalb weniger Stunden 5,5 Bio. $ aus dem Geldmarktsystem der USA abgezogen worden[69].

Die Reaktion der US-Regierung sowie der Regierungen in Europa auf die reihenweise Insolvenz der Banken weltweit war, diese durch Stützungskäufe zu stabilisieren oder sie zu verstaatlichen, damit die Banken weiterhin ihrem Kerngeschäft, nämlich der Vergabe von Krediten und dem Einlösen ihrer Verpflichtungen infolge bereits vergebener Kredite, nachkommen konnten. Im Unterschied zur Weltwirtschaftkrise von 1929, die von der Rezession, dem Rückgang der Konjunktur und Wirtschaftstätigkeit, in die Depression, die Massenarbeitslosigkeit von Arbeitnehmern, gestürzt war, verhinderten die Regierungen nun eine solche Marktentwicklung durch Konjunktur- und Rettungspakte für ihre Banken. Gleichzeitig senkten die Zentralbanken in den USA, Großbritannien, der Europäischen Union sowie im Europäischen Wirtschaftsraum (EWR), Kanada und China die Leitzinsen[70].

2.5.3   Die Bedeutung von John Maynard Keynes

Nicht nur Skidelsky, sondern auch die Anhänger Keynes zu und nach Lebzeiten des amerikanischen Ökonomen John Maynard Keynes (1883–1946) sprechen seinen Theorien bei der Lösung der Finanzkrise eine herausragende Bedeutung zu. Keynes selbst suchte zur Erklärung der Weltwirtschaftskrise 1929 die Schuld nicht beim Bankensystem oder den Regierungen, sondern in den theoretischen Grundlagen der klassischen Nationalökonomie. Diese unterteilt sich seit Keynes in zwei klassische Schulen: die Schule der Neoklassik und die Schule der Neukeynsianer. Die Vertreter der Neoklassik begreifen die Makroökonomie mit Hilfe von Wahrscheinlichkeitsberechnungen und Gleichgewichtstheorien.

Vor allem die Vertreter der Chicagoer Schule gehen von der Effizienz freier Märkte aus. Diese ist davon abhängig, dass Regierungen nicht in wirtschaftliches Handeln eingreifen[71]. Diesen Grundannahmen widersprach Keynes als Begründer einer neuen makroökonomischen Theorie vehement. Seiner Ansicht nach dürften

---

[69] Skidelsky (2010, S. 34).

[70] Skidelsky (2010, S. 36).

[71] Skidelsky (2010, S. 62–63).

Märkte eben nicht sich selbst überlassen bleiben, da es kein automatisches Gleichgewicht gebe, das die Märkte nach einer Krise in ihren Normalzustand zurückhebt. Regierungen müssten im Krisenfall durch fiskalische Anreize oder Programme zur Ankurbelung der Konjunktur den Märkten aus ihrer Talsohle helfen, damit die abnehmende Wirtschaftstätigkeit eben nicht in die Depression mündet.

Aufgrund der Erfahrungen Keynes als Spekulant und Investor glaubte er weder an vollkommene noch an rein stabile Märkte[72]. Keynes hätte beinahe dreimal sein gesamtes Vermögen zwischen 1920 und 1940 verloren, das er in stark schwankende Märkte während der Weltwirtschaftskrise zwischen 1929 und 1932, kurz vor dem Zweiten Weltkriegs investierte[73]. Seine Erkenntnis aus der Zeit des kurzzeitigen Booms in Großbritannien sowie der Zeit der Rezession nach dem Ersten Weltkrieg Ende der zwanziger Jahre: Volkswirtschaften sind träge und können im Unterschied zu Individuen auf Schocks nicht so schnell reagieren. Insofern könnten auf Einbrüche nicht genauso schnell Erholungen folgen.

Zu der Zeit führten die einsetzenden Preissenkungen zur Unsicherheit, so dass die Preise weiter nach unten sanken, die Unternehmer schädigten, die ihre Wirtschaftstätigkeit daraufhin reduzierten. Die Folge: Fabriken entließen Arbeiter, Löhne wurden gekürzt, Gewinne nahmen ab. Im Unterschied zur Vorstellung der Nationalökonomen, die davon ausgingen, dass danach automatisch wie bei einer Heizung, die auf Temperaturverlust eine Temperaturerhöhung auslöst, die Erholung eintrete[74], forderte Keynes eine aktive Investitionspolitik, um die Wirtschaftstätigkeit allmählich wieder anzukurbeln.

2.5.4 Folgen und weiterer Wandel der deutschen Medien

Die Finanzkrise 2008/2009 traf besonders auch die Medienunternehmen. Der Bundesverband Deutscher Zeitungsverleger (BDZV) beurteilte das Jahr 2009 als das bislang schwierigste in der Geschichte der deutschen Zeitungen. Seit der Nachkriegszeit waren die deutschen Werbemärkte und Verlage in keine vergleichbare Talsohle mehr abgesunken. Die Werbeeinnahmen aller Zeitungen gingen um 4,1 % auf 4,64 Mrd. € zurück[75]. Ein Jahr zuvor, 2008, pendelten sich die Umsätze aller Zeitungen sogar noch unter das Niveau von 1995 ein. Besonders die überregionalen Zeitungen trafen die Verluste bei den Anzeigeneinnahmen. Während sie zuvor

---

[72] Skidelsky (2010, S. 102 ff.).
[73] Skidelsky (2010, S. 105).
[74] Skidelsky (2010, S. 106–107).
[75] Vgl. hierzu Keller (2009, S. 30).

vom Wirtschaftsaufschwung profitierten, zeigten sie sich aufgrund ihrer Abhängigkeit von Unternehmens- und Stellenanzeigen als besonders sensibel gegenüber dem Konjunkturrückgang[76].

Einzelne Branchen bremsten ihre Investitionen für Anzeigen und Werbung in Zeitungen. Während die großen Handelsketten wie Hertie, Aldi, Lidl, Karstadt ihre Werbetätigkeit bei den Printmedien sogar aufgrund der starken Konkurrenz zwischen den wenigen Großunternehmen im Lebensmittelhandel auf dem deutschen Markt ausdehnten, bremste dagegen die Pkw-Branche ihre Werbeausgaben. Sie nahmen um 10 % ab.[77] Auch die großen Technik-Kaufhäuser wie Media Markt und Saturn reduzierten ihre Ausgaben. Marken-Hersteller wie beispielsweise der Kosmetikhersteller L'Oréal erhöhte dagegen sein Werbebudget um 16 %[78]. Zurück gingen vor allem die Geschäftsanzeigen mit einem Minus von 3,9 % sowie die Immobilienanzeigen, die um 14,1 % schrumpften[79]. Im Unterschied zu den Regionalzeitungen fielen bei den überregionalen Zeitungen die Anzeigenumfänge damit deutlich schwächer aus.

Von der Konjunkturlage relativ unberührt blieben dagegen wegen besonderer Sportereignisse wie dem UEFA Women's Cup im Fußball, der Fußball-Europameisterschaft und den Olympischen Spielen in Peking die öffentlich-rechtlichen Fernsehanstalten ARD und ZDF, die ihre Werbeinahmen sogar geringfügig steigern konnten (Tab. 2.1).

Auf die Verluste bei den Werbeeinnahmen reagierten die meisten Zeitungen mit der Anhebung der Preise im Straßenverkauf wie auch beim Jahresabonnement. Die Frankfurter Rundschau und Die Welt verteuerten das Monatsabonnement um 2 €; das Jahresabonnement der Zeit wurde um 5,9 % erhöht und auch der Kaufpreis Der Zeit stieg an. Bei der F.A.Z., der F.R. und Der Welt verteuerte sich der Einzelverkaufspreis jeweils um 10 Cent. Die meisten Kaufzeitungen jedoch nahmen keine Preisänderung vor, so auch die FTD und die Süddeutsche Zeitung[80].

Auf die rückläufigen Anzeigen reagierten die Zeitungen mit einer Erhöhung des redaktionellen Anteils, wobei der Textumfang um rund 3,9 % zunahm. Gespart wurde dagegen beim Verbrauch des Zeitungsdruckpapiers[81]. Entgegen der Konjunkturschwäche hat die Zahl der Redakteure im Printmedienbereich leicht zuge-

---

[76] Keller (2009, S. 32, a. a. O.).

[77] Keller (2009, S. 40, a. a. O.).

[78] Keller (2009, S. 43).

[79] Keller (2009, S. 47).

[80] Keller (2009, S. 36).

[81] Keller (2009, S. 53).

Tab. 2.1 Werbeeinnahmen erfassbarer Werbeträger 2008 in Milliarden Euro. (Quelle: Tabelle zitiert nach Keller 2009, S. 37, a. a. O.)

Medium	Netto-Werbeeinnahmen in Milliarden Euro	Veränderungen in Prozent
Tageszeitung	4,37	−4,2
Fernsehwerbung	4,03	−2,9
Direktwerbung	3,29	−1,7
Anzeigenblätter	2,0	+1,9
Publikumszeitschriften	1,7	−7,1
Verzeichnis-Medien	1,22	+0,9
Fachzeitschriften	1,03	+1,5
Außenwerbung	0,80	−1,8
Onlineangebote	0,75	+9,4
Hörfunkwerbung	0,71	−4,3
Wochen- und Sonntagszeitungen	0,26	−1,5
Zeitungssupplements	0,09	−3,0

nommen. Auffällig hierbei ist allerdings auch die Zunahme der Zahl der Volontäre (um 12 % im Vergleich zum Vorjahr) (Tab. 2.2).

Anhand des Beispiels der Süddeutschen Zeitung lässt sich exemplarisch nachzeichnen, wie eine überregionale Tageszeitung auf die Finanzkrise 2008/2009 reagierte. Die Finanzkrise traf die Süddeutsche Zeitung besonders hart, da sie 2009 im Anzeigengeschäft Verluste von 10 Mio. € hinzunehmen hatte. Im Oktober 2009 drohte die Verlagsleitung mit Stellenabbau im Redaktionsbereich, in dem 400 Angestellte arbeiten. Gegen das angekündigte Sparprogramm wehrte sich jedoch im Herbst 2009 der Betriebsrat mit einer Demonstration der 1.000 Mitarbeiter in München[82].

Über die von ihrem damaligen Chefredakteur Hans-Werner Kilz angestrengten Reformen erfuhr die Süddeutsche Zeitung seit 1996 einen grundsätzlichen Strukturwandel. Durch Kilz wurde die Qualitätszeitung aus dem süddeutschen Raum zum wirklichen Leitmedium, indem er das Feuilleton sowie den Wirtschaftsteil modernisierte und als ehemaliger Chef-Redakteur des Spiegel den Fokus der Berichterstattung stärker auf investigative Recherche und Exklusivgeschichten legte[83]. Über die Krise half vor allem das traditionsreiche SZ-Magazin hinweg, das 2009

---

[82] Hübner (2010, S. 50–51).
[83] Hübner (2010, S. 51, a. a. O.).

Tab. 2.2 Finanzkrise 2008/2009 und Wandel der Printmedien. (Quelle: eigene Recherchen der Autorin)

Krise 2008/2009	Wandel	Auswirkungen auf die Redaktionen
Anzeigenrückgang	Abnahme des Umfangs der Zeitungen	Vermehrtes Einstellen von Volontären
Rückgang der Werbetätigkeit einzelner Branchen in den Printmedien	Preissteigerungen im Einzelverkauf und Abonnement	Vereinzelt betriebsbedingte Kündigungen und Stellenabbau
	Einsparen von Zeitungsdruckpapier	Stagnation der Gehälter

ein besonders erfolgreiches Jahr mit Anzeigenerlösen im zweistelligen Bereich verzeichnen konnte.[84] Doch die Hauptinnovation der SZ lag in der Regionalausgabe. 2001 von der Anzeigenkrise erfasst und in stetiger Konkurrenz zum Münchner Merkur verlor die SZ zunehmend regionale Leser. Kilz legte deshalb den Bayern-, München- und Regionalteil zusammen und konzentrierte die Lokalredakteure auf einen Newsroom, von wo aus täglich eine Ausgabe für die jeweiligen Landkreise erstellt wurde[85]. Die Redaktion war letztlich aber der neuralgische Punkt der SZ, in der 14 Kündigungen ausgesprochen werden sollten.

---

[84] Hübner (2010, S. 52).
[85] Hübner (2010, S. 52).

Blickpunkt Neue Medien   3

Im Kapitel zuvor haben wir gesehen, wie die Neuen Medien in westlichen Gesellschaften die alten Medien, vor allem die Printmedien, verändert haben. Letztere haben sich strukturell in Richtung Multi-Media-Häuser entwickelt, in deren Redaktionen cross-medial gearbeitet wird. In der arabischen Welt haben die Neuen Medien eine ganz andere Bedeutung. Im Mittelpunkt der Betrachtung stehen hierbei weniger technische Innovationen und die multifunktionale Arbeitsweise, sondern die Funktion der *social media*, als Kommunikationsforum zur Demokratisierung der arabischen Gesellschaften im Rahmen des Arabischen Frühlings beizutragen.

Kein Ereignis in der Welt hat die Aufmerksamkeit so plötzlich und intensiv auf die sozialen Medien gelenkt wie die Jasmin-Revolution in Nordafrika. Schnell wurden die *social media* in den nordafrikanischen Diktaturen zum gängigen Mittel für den staatlich unterdrückten Informationsaustausch zwischen den arabischen Bürgern sowie zur Organisationsplattform, um die Straßenproteste in Tunis und Kairo zu bündeln.

Die sozialen Medien entwickelten sich rasend schnell zum weitgehend staatlich unzensierten Sprachrohr, mit dem die Bürger aus Tunesien, Ägypten, Marokko und Algerien über die Werte Demokratie, Menschenwürde, Freiheit und Respekt diskutierten. Und sie hatten gegenüber den etablierten Medien noch einen Vorteil: deren Nutzung war zum Zeitpunkt des Ausbruchs der Revolte so weit verbreitet, dass beinahe jeder mit jedem darüber frei kommunizieren konnte. Nachrichten, Blogs, Bilder und Videos der arabischen Facebook-Generation wurden global durchs Netz geschickt, sorgten für Aufklärung und stellten damit einen ungeahnt wichtigen Pfeiler – für die staatlich nicht garantierte – Meinungs-, Informations- und Pressefreiheit in den (ehemaligen) Diktaturen dar.

C. Hangen, *Grundlagenwissen Medien für Journalisten*,
DOI 10.1007/978-3-531-19017-4_3,
© VS Verlag für Sozialwissenschaften | Springer Fachmedien Wiesbaden 2012

3.1 Nordafrika/Iran: Pressefreiheit im Netz

Ein Jahr, bevor das Internet zur Ausdehnung der Revolution von Tunesien in die
Nachbarstaaten bis in den Jemen und nach Libyen beitrug, hat es bereits eine Welle des politischen Widerstandes und Protestes über die sozialen Medien und das
Internet im Iran gegeben. Unter dem Stichwort „The Green Wave" konstituierte
sich eine Wahlrechtsbewegung vor und nach den iranischen Präsidentschaftswah-
len vom 12. Juli 2009. Um den Reformer Mir Hossein Mussawi, den ehemaligen
Premierminister der islamischen Republik in der Zeit von 1981 bis 1989, der bereits
im März 2009 seine Kandidatur gegen Präsident Mahmud Ahmadinedschad an-
kündigte, zu unterstützen, bildete besonders die iranische Jugend unter 25 Jahren
Wahlrechts-Kundgebungen.

Die „Grüne Welle" konstituierte sich als kulturelle Bewegung in der iranischen
Gesellschaft. Junge Frauen und Studentinnen schmückten sich mit grünen Kopf-
tüchern. Junge Männer trugen als Erkennungszeichen ihrer Anhängerschaft für
Mussawi grüne Schals um den Hals. Die Farbe „grün" symbolisierte einerseits den
Islam, andererseits verkörperte sie die Gemeinschaft und Einheit der Jugend, die
bisher apolitisch war und mit ihrer Wahlstimme das System verändern wollte. Mir
Hossein Mussawi scharte Massen um sich, als er im Azadi-Stadion im Westen Te-
herans über Pressefreiheit und Gewaltlosigkeit sprach. Die apolitische Jugend be-
gleitete den Vorwahlkampf Mussawis mit Slogans wie „Return to Justice".

Doch bereits der Urnengang gestaltete sich für die Wähler zur Odyssee. Wer
Mussawi auf dem Wahlzettel ankreuzen wollte, musste erst den von der Verwaltung
dafür vorgesehenen Code kennen. Ein Hindernis, an dem viele Wähler scheiterten.
Dem folgten weitere Hürden bis zur eigentlichen Stimmabgabe.

Als der amtierende Präsident Mahmud Ahmadinedschad nach der Stimmabgabe das Wahlergebnis im Fernsehen verkündete, breitete sich unter den Protest-
wähler Sprachlosigkeit aus. Ahmadinedschad vereinte die Mehrheit der Stimmen
auf sich. Ein Teil des Wahlvolkes des anderen Lagers setzte sich in Bewegung und
zog auf die Straße, um friedlich gegen das Ergebnis zu protestieren und Fragen
an das herrschende Regime zu richten: „Where is my vote?", war auf vielen Pro-
testfahnen und -tüchern zu lesen. Nachdem die friedlichen Demonstrationszüge
niedergeschlagen und die Anhänger der Wahlrechtsbewegung verfolgt wurden,
verblieb das Internet, das bereits vielfach von der iranischen Jugend genutzt wurde,
als einzige Chance Plattform, den Fragen und Gedanken der durch die Repression
eingeschüchterten Jugend Ausdruck zu verleihen.[1]

---

[1] Vgl. dazu auch: http://www.heise.de/tp/artikel/33/33485/1.html.

Der iranische Regisseur Ali Samadi Ahadi, der im Februar 2011 den Film „Die Grüne Welle" in den deutschen Kinos veröffentlichte, hatte die politische Situation der Wahlrechtsbewegung recherchiert und anhand eines umfangreichen Dokumentationsmaterials nachgezeichnet. Ahadi kannte die meisten Schicksale der politisch aktiven Jugend aus iranischen Blogs im Internet. 1.500 Seiten hatte er von iranischen Journalisten, Akteuren und Schriftstellern ausgewertet. Zuletzt dienten 15 Blogs als Filmvorlage. Die Blogger erzählten das Intimste, das sie preisgeben konnten, erklärte der iranische Regisseur Ahadi[2] bei der Filmpremiere in Hamburg.

Bereits das Beispiel der Bloggerjugend im Iran zeigt die Bedeutung des Internets für die arabische Jugend, die darüber, weitgehend staatlich unzensiert, ihren politischen Fragen und Reformwünschen Ausdruck verliehen. Es zeigt aber auch wie modern, wie westlich sich diese Jugend orientiert und wie sehr sie demokratisch und politisch, häufig in Kontrast zu den herrschenden Eliten, eingestellt ist. Das ist der große gemeinsame Nenner der iranischen Jugend mit der Facebook-Generation in den nordafrikanischen Staaten vor Ausbruch der Revolution im Dezember 2010, obgleich die Ausgangsbedingungen der Jasmin-Revolution völlig andere waren.

3.2   Die Jasmin-Revolution in Tunesien

Lange vor Ausbruch der Jasmin-Revolution warnten bereits arabische Dissidenten, unabhängige, arabische Journalisten und Menschenrechtsorganisationen die einheimische Bevölkerung wie auch die internationale Gemeinschaft vor den Diktatoren in Nordafrika. Intellektuelle wie auch die wenigen unabhängigen Medien haben die Missstände nicht verschwiegen, analysiert der marokkanische Dichter Tahar Ben Jelloun in seinem erst kürzlich erschienenen Essay,[3] in dem er die Gründe des Arabischen Frühlings erläutert. Dennoch die Ereignisse, die sich dann überstürzten und wie eine Protestwelle über die verschiedenen arabischen Länder rollte, konnte keiner voraussehen oder erahnen. Die westlichen und arabischen Gemeinschaften wurden von der plötzlichen Wut und Wucht des Freiheitsdrangs der arabischen Zivilbevölkerung regelrecht überrascht.

---

[2] http://www.european-circle.de/applausalltag/meldung/datum/2010/11/17/ahmadi-bye-bye.html.

[3] Tahar Ben Jelloun, 2011. Arabischer Frühling. Vom Wiedererlangen der arabischen Würde, Berlin Verlag.

3.2.1   Ben Alis Sicherheitsstaat

Doch welche politischen und strukturellen Faktoren waren der Auslöser für die
Revolte?
Seit den Anschlägen auf die Twin Towers in New York am 11. Sept. 2001 hatten
Europa wie auch die USA ein verstärktes Interesse an der Kontrolle islamischer
Gruppierungen in der arabischen Welt, um die Risiken des Terrorismus einzudäm-
men. Dabei war die internationale Gemeinschaft auf die Solidarität und Mitarbeit
vor allem der Staatsoberhäupter im Nahen und Mittleren Osten angewiesen. Der
tunesische Präsident Zine el Abidine Ben Ali nutzte das Sicherheitsbedürfnis Europas, um in der Region der Maghreb-Staaten seine ganz eigene Version der Terroris-
mus-Bekämpfung zu entwickeln und gesetzlich zu verankern.

Über Jahrzehnte hinweg beobachteten beispielsweise die tunesischen, unabhängigen Journalisten und Autoren Sihem Bensedrine und Omar Mestiri, zentrale
Figuren des demokratischen Widerstands in Tunesien, die Politik Ben Alis und die
Auswirkungen auf die tunesische Zivilgesellschaft. Die Ergebnisse ihrer Recherche
dokumentierten die Autoren in einer international viel beachteten und von zahlreichen etablierten Medien besprochenen Studie.[4]

Ein wichtiger Baustein in der Entflechtung der Machtpolitik Ben Alis ist die
Bedeutung Tunesiens als geopolitische Drehscheibe in der Region des Maghrebs
und darüber hinaus. So stellt Tunis heute nicht nur den Treffpunkt für die Freunde
Syriens im Syrienkonflikt dar, sondern es ist u. a. seit 1983 auch permanenter Sitz
des arabischen Rates der Innenminister, Le Conseil des ministres arabes de l' Inte-
rieur.[5] Dieser hatte sich auf eine Sicherheitsdoktrin festgelegt, die weitgehend von
Ben Ali beeinflusst war und auf eine Angleichung der Gesetze zur Bekämpfung des
Terrorismus in einzelnen arabischen Staaten abzielte. Bei der Sitzung vom 5. Jan.
2004 hatte der Rat die arabische Konvention „zum Kampf gegen den Terrorismus"
mit Änderungsanträgen überarbeitet, die so im Wortlaut formuliert war: „Künftig
gelten die Anstiftung zu und die Beteiligung an terroristischen Akten wie Druck,

---

[4] Vgl. Bensedrine und Mestiri (2005). Das Buch wurde aus dem Französischen von Ursel
Schäfer übersetzt. In Paris ist es 2004 unter dem französischen Titel „L'Europe et ses despo-
tes", in der „Edition La Découverte" erschienen.

[5] Vgl. hierzu die Berichterstattung des französischen Afrikamagazins mit Sitz in Paris „Jeu-
ne Afrique: http://ocean-indien.jeuneafrique.com/epoque-membres-conseil-des-ministres-
arabes-interieur.html".

Verbreitung und Besitz schriftlicher und audio-visueller Dokumente, die für solche Taten werben, als Verbrechen"[6, 7]

Die Konvention gewährte in dieser Formulierung den Einzelstaaten jedoch einen juristischen Interpretationsspielraum, der das Tor zur Verfolgung politischer Gegner öffnete.[8] Vor allem nach dem Attentat von Djerba im April 2002 verschärften sich die Sicherheitsmaßnahmen in Tunesien. Hierbei wurden auch immer öfter politische Oppositionelle der Ben Ali-Politik festgenommen, die allein unter dem Vorwurf des Terrorismus standen. Anwälte, die mit den Fällen betraut waren, bemängelten besonders die mangelnde Beweislage für die Anklagen vor Gericht. Die Gerichtsurteile gründeten sich häufig auf Berichte der Polizei und Protokolle, in denen sich die Beschuldigten oft unter Folter selbst anklagten.[9]

Bereits zu Beginn der neunziger Jahre hatte das Militärtribunal Anhänger der gemäßigten islamischen Bewegung An-Nahda in Tunis sanktioniert. Im Französischen auch unter dem Begriff Ennahdha bekannt, wurde sie 1981 als politische Partei gegründet und vertrat die in den siebziger Jahren im Zuge der iranischen Revolution aufkommende Forderung nach einem politischen Islam. Bedeutung hatte die geistige Strömung zunächst an den tunesischen Universitäten erlangt.

In der Folge wurden auch Tausende tunesischer Bürger wegen scheinbarer terroristischer Absichten verhaftet, da sie im Verdacht standen, Sympathisanten von (deutsch) An-Nahda zu sein.[10] Die staatliche Anklage stand jedoch im Kontrast zur Selbstdefinition der Bewegung, die sich bis heute als gemäßigte, friedliche islamische Gruppierung versteht und ein Staatsmodell nach türkischem Vorbild anstrebt.[11]

Ben Ali war An-Nahda bereits zur Zeit der Parlamentswahlen zum Ende der achtziger Jahre ein Dorn im Auge. Nach internen Treffen zwischen Bewegungsver-

---

6 Zitiert nach Bensedrine und Mestiri (2005, a. a. O., S. 65).

7 Vgl. dazu auch den Ursprungstext der arabischen Konvention in der Pressemeldung von „Agence Press, AP" vom 5.01.2004: „Ministres arabes demandent de faire la distinction entre terrorisme & et résistance à l'occupation – Les ministres arabes de l'Intérieur demandent de faire la distinction entre terrorisme et résistance à l'occupation (05/01/2004 19:46) (…)".

8 Bensedrine und Mestiri (2005, a. a. O., S. 65).

9 Ibidem, S. 73.

10 Bensedrine und Mestiri (2005, a. a. O., S. 74).

11 Vgl. hierzu das Interview mit der Expertin des Mittleren und Nahen Osten Mansouria Mokhefi vom Pariser Politikinstitut „IFRI", in der Frankfurter Neuen Presse, vom 8. Juli 2011 unter: http://www.fnp.de/fnp/nachrichten/politik/kein-regime-wie-im-iran_rmn01.c.9007803.de.html sowie das Interview zum Thema Tunesien vor den Wahlen im Oktober 2011, Islam als neue Identität in: African Edition unter: http://www.african-dition.de/magazin/meldung/datum/2011/06/29/islam-als-neue-identitaet.html.

tretern und dem Präsidenten erklärten sich die An-Nahda-Mitglieder bereit, bei den Parlamentswahlen 1989 gemeinsam mit der Regierungspartei anzutreten. Dies taten sie dann in Form unabhängiger Listen, um eine Wahl-Alternative in Tunesien anzubieten. Obgleich die Partei Ben Alis das Parlament mit ihren Vertretern nach der Stimmabgabe dominierte, offenbarte sich gleichzeitig ein großer Rückhalt der gemäßigten islamischen Bewegung in der tunesischen Bevölkerung. An-Nahda entpuppte sich für die Macht des Präsidenten als eine starke politische Konkurrenz,[12] die nach Schätzungen von Wahlbeobachtern bis zu 30 % der Stimmen auf sich vereinigen konnte. Im Zeichen der tunesischen Sicherheitspolitik wurde die Bewegung aber in die Illegalität abgedrängt, so dass ihr Anführer Rached Ghannouchi nach Algerien und später nach London ins Exil flüchtete. Erst im März 2011 wurde An-Nahda staatlich legalisiert.

So erlangte der tunesische Sicherheitsapparat nicht plötzlich, sondern allmählich eine zentrale Bedeutung im Staat und dehnte seine Herrschaft auch auf die Justiz aus. Die Regierung erhöhte die Zahl der Sicherheitskräfte, erweiterte deren Befugnisse und stockte die finanziellen Mittel auf. Die Vertreter der Sicherheit zeigten von da an Omnipräsenz in Justiz, dem diplomatischen Dienst, an Universitäten, in den Medien und unter Anwälten. Ein Klima der Angst breitete sich zusehends aus.

Der Zirkel der Sicherheitsmaßnahmen schloss sich immer enger um die Freiheitsrechte des tunesischen Volkes. Ben Ali ließ das Gesetz Nr. 2003-75 vom 10. Dez. 2003 ausarbeiten, das als das Anti-Terror-Gesetz und Gesetz zur Beseitigung von Geldwäsche bezeichnet und von der Abgeordnetenkammer verschiedet wurde. In der Einleitung der Textfassung zu den Einzelartikeln des Gesetzes ging es offiziell um das Recht einer Gesellschaft, in Frieden und Sicherheit zu leben, indem alle Formen von Gewalt, Fanatismus, rassistischer Segregation und Terrorismus, die den Frieden und die Stabilität gefährden, beseitigt werden[13] sollten. Inoffiziell, die entsprechenden Gesetzesartikel sind im Internet gesperrt, sollten jedoch die Praktiken legalisiert werden, die die Grundrechte der Bevölkerung außer Kraft setzten, um somit Kritik und Opposition im Keim zu ersticken. Sihem Bensedrine und Omar Mestiri kritisieren, dass mit dem Gesetz vor allem die Berufsgruppe der Anwälte in ihren Rechten beschnitten wurde. Das neue Gesetz beschränkte deren Verteidigungsrechte und untersagte die vollkommene Akteneinsicht in die Fälle der Mandanten oder Angeklagten.

---

[12] Bensedrine und Mestiri (2005, a. a. O., S. 76–77).

[13] Vgl. den Gesetzestext des Gesetzes Nr. 2003-75 zum Kampf gegen den Terrorismus und gegen Geldwäsche unter: http://www.jurisitetunisie.com/tunisie/codes/terror/terror1005. htm.

Zudem schuf das Gesetz „(…) eine Sondergerichtsbarkeit, die unter Ausschluss der Öffentlichkeit"[14] beraten, Verjährungsfristen beliebig verlängern und Zeugnisverweigerung unter Strafe stellen konnte. Gleichzeitig erhielt die politische Polizei Sonderrechte[15] im ganzen Land, wobei ihre Agenten auch das Privileg der Anonymität genossen und damit unerkannt, als Staatswächter in Zivil in der Gesellschaft untertauchen konnten. Somit wusste niemand mehr mit Sicherheit, ob nicht auch der Nachbar oder Gemüsehändler zum Staatsspitzel geworden war.

Zugefügtes Unrecht stand nicht mehr unter Strafe, konnte nicht mehr vor Gericht gebracht werden. Selbst die Auflistung der Namen von Folterern wurde als Delikt geahndet. Das Land begann im Geflecht des autoritären Einparteiensystems, ohne echte Gewaltenteilung, ohne rechtsstaatliche Prinzipien, in Korruption und Nepotismus zu ersticken.

3.2.2   Kontrolle der Medien

Wenig verwundert es hierbei, dass es natürlich unter den Bedingungen einer Staatsdiktatur, dominiert durch die seit 1989 herrschende Regierungspartei Rassemblement constitutionel démocratique (RCD) sowie die Figur des Präsidenten, keine Pressefreiheit gab. Nach außen allerdings taten die tunesischen Regierungsmitglieder sowie Angehörigen des Ben-Ali-(Familien-)Clans alles, um das Bild eines freien und liberalen Tunesiens auf dem Weg in die Demokratie in den ausländischen Medien zu verkaufen. Schließlich sollte Tunesien nicht nur für Touristen attraktiv sein, sondern auch eine tragende politische wie wirtschaftliche Rolle in der Weltgemeinschaft spielen. Verantwortlich für die Verbreitung zensierter, ausschließlich positiver Tunesienbilder war seit 1990 die tunesische Agentur für Außenkommunikation, ATCE (Agence tunisienne de communication extérieure).[16] Diese zensierte und kontrollierte gleichzeitig 245 Zeitungen in Tunesien. Wel-

---

[14] Zitiert nach Bensedrine und Mestiri (2005, a. a. O., S. 79).

[15] Ibidem, S. 80.

[16] Vgl. hierzu den Pressetext „Tunesien – Präsident Ben Ali für die weitere Verfestigung der Beziehungen Tunesiens mit Europa" der ATCE vom 16.11.2007, der in der deutschen Übersetzung in einem Schweizer Presseportal abgedruckt wurde. Dabei werden die Reformmaßnahmen der tunesischen Regierung im Kampf gegen den Terror gutgeheißen. Es ist eine Art Laudatio auf den Präsidenten. Die Berichterstattung ist somit nicht neutral, objektiv und von Distanz geprägt. Unverkennbar scheint hierbei die Rolle der ATCE als Hofberichterstatter der tunesischen Regierung durch: http://www.presseportal.ch/de/pm/100002875/100549482/tunesien-praesident-ben-ali-fuer-die-weitere-verfestigung-der-beziehungen-tunesiens-mit-europa.

che internationale Anerkennung die Agentur genoss, zeigte auch das Beispiel des internationalen französischsprachigen Fernsehsenders TV5, der global über Satellit und Kabel empfangen werden kann. 1984 wurde TV5 aus einer Fusion von französischen (TF1, heute France 2 und France 3), belgischen und Schweizer Sendern gegründet und strahlt vergleichbar zu SAT3 in Deutschland politische, kulturelle und gesellschaftsbezogene Dokumentationen aus. Die Programme werden in den französischsprachigen Gebieten Europas (Frankreich, Belgien, Schweiz), in Kanada (Québec), im Maghreb, Nahen Osten und Japan gesendet.

In der Woche vom 13. bis zum 20. März 2004, in der die französische Sprache und die Frankophonie Themenschwerpunkt des Fernsehsenders waren, hatte TV5 eine Sendung über Tunesien „24 heures à Tunis" der Autoren Frédéric Mitterand und Marie-Ange Nardi[17] ausgestrahlt, in welcher das Land als „eine Oase der Freiheit und der Kreativität"[18] darstellt wurde, in dem das Ringen um Meinungsfreiheit bereits Geschichte sei. Zudem hatte der gleiche Sender kurz zuvor einen Werbespot von Amnesty International zensiert, der das Thema der politischen Gewalt gegen Frauen in Tunesien ansprach. Der Spot sollte zwar ausgestrahlt werden, jedoch ohne den die Gewalt gegen tunesische Frauen erläuternden Satz.

3.2.3 Verfassungsänderung von 2002 und ihre Folgen

Die Verfassungsänderung in Tunesien wurde 2002 vom tunesischen Parlament beinahe einstimmig verabschiedet, die Änderung der 38 von 78 Artikeln der Verfassung erfolgte jedoch nicht über die gesetzgebende Gewalt, die Legislative, la Chambre des Députés (Kammer der Abgeordneten). Vielmehr hatte sich ein kleiner Zirkel von Juristen in Karthago unter der Leitung des Präsidentensprechers Abdelaziz Ben Dhia[19] an die Verfassungsrevision gemacht. Augenscheinlich sollte es um die Stärkung der Menschenrechte und des Rechtsstaates gehen, de facto wurden aber die Stellung des Präsidenten im Staat gestärkt, die Bedeutung von Parlament und Opposition hingegen geschmälert.

Das Höchstalter des Präsidentschaftskandidaten wurde von 70 auf 75 Jahre angehoben und die in der Verfassung von 1988 festgelegte dreimalige Amtszeit, die von fünf auf sieben Jahren verlängert wurde, abgeschafft. Zudem wurde dem Präsidenten juristische Immunität auf Lebenszeit garantiert.

---

[17] http://www.culture.gouv.fr/culture/dglf/Semaine_de_la_langue_francaise/2004/partenaires/tv5.htm.

[18] Zitiert nach Bensedrine und Mestiri (2005, a. a. O., S. 85).

[19] Ibidem, S. 99.

3.2.4 Die unangefochtene Mehrheit der RCD im Parlament

Während der Legislativwahlen 1994, 1999, 2004 und 2009 erzielte die RCD beinahe konstant mehr als 80 % der Wahlstimmen und damit die Mehrheit der Parlamentssitze. Auf die wenigen, zur Stimmlosigkeit verurteilten Oppositionsparteien im Parlament entfielen dabei die restlichen Prozent und Sitze: 2009 waren bei den Parlamentswahlen folgende Oppositionsparteien angetreten: der Mouvement des démocrates socialistes (MDS), eine sozialistische Bewegung; die Volkspartei, le Parti de l'unité populaire PUP; die sozial-liberale Partei, le Parti social-liberal (PSL); die tunesischen Grünen, le Parti des verts pour le progrès (PVP) sowie die Bewegung Ettajdid. Im Gegensatz zur RCD hatten die Oppositionsparteien aber nie ein reales politisches Gewicht bei Gesetzesabstimmungen in der Abgeordnetenkammer.

Nach Ansicht des marokkanischen Dichters Tahar Ben Jelloun schuf Ben Ali mächtige Netzwerke und Strukturen unter dem Vorwand, Tunesien vor der islamischen Gefahr zu schützen, die das Land zu seinem Privatbesitz machten.[20]

An die Macht war Ben Ali am 7. Nov. 1987 über den so bezeichneten medizinischen Putsch gelangt. In seiner Eigenschaft als Innenminister, der sich selbst zum Premierminister ernannt hatte, teilte er dem amtierenden Präsidenten Habib Bourguiba das Ende seiner Amtszeit mit. Am Vorabend wurden sieben Ärzte dazu gezwungen, urkundlich die Regierungsunfähigkeit des erkrankten tunesischen Präsidenten Bourguiba zu bescheinigen.[21] Vorsorglich hatte Ben Ali kurz vor dem Staatsstreich seine ihm treu ergebenen Mitarbeiter in den Ministerien platziert.

Infokasten
Wer war Habib Bourguiba?
Habib Bourguiba gilt als Befreier Tunesiens aus der französischen kolonialen Abhängigkeit.

Bourguiba stammt aus Tunis und war Anwalt und Rechtswissenschaftler. In den zwanziger Jahren des 20. Jahrhunderts hatte er in Paris studiert. Bei seiner Rückkehr nach Tunesien wurde er bald als Befreier gefeiert. Aus dem Gefängnis hatte er bereits die Unabhängigkeit Tunesiens mit Frankreich heimlich verhandelt und eine nationalistische politische Befreiungspartei gegründet. 1956 entließ Frankreich Tunesien aus der Französischen Union in die Unabhängigkeit und staatliche Souveränität. Kurz darauf im Sommer 1957 übernahm Bourguiba das erste Präsidentenamt (von 1956–1987) im Land.

---

[20] Tahar Ben Jelloun, a. a. O., S. 27.
[21] Ibidem, S. 30.

Unter seiner Regentschaft wurde besonders die Gesetzgebung für Frauen in Tunesien liberalisiert. Anlässlich des Frauentages am 13.08.1966 „Fete de la Femme" trat Bourguiba aus seinem Präsidentenpalast, ging in den Straßen von Tunis zu den Frauen, schüttelte ihnen warmherzig die Hände und nahm ihnen den Schleier „le voile" ab. Dies war eine revolutionäre Geste, die die Emanzipation der Frau im Maghreb und Islam herbeiführen sollte. Ein französisches Fernsehteam hatte den Präsidenten bei seinem Rundgang durch die Hauptstadt gefilmt.[22]

Zu den von Bourguiba per Gesetz eingeführten Freiheitsrechten gehörten das Frauenwahlrecht, die Gleichberechtigung zwischen Mann und Frau vor dem Gesetz, das Verbot der Polygamie und einseitigen Scheidung, die Aufhebung des Schleierzwangs, die Anhebung des Heiratsalters von 15 auf 17 Jahre, die zweisprachige – Französisch und Arabisch – Unterrichtung von Mädchen an tunesischen Schulen etc.[23]

23 Jahre nach dem Staatsstreich Ben Alis, der die Ära Bourguibas beendete, sollte es nun das tunesische Volk sein, das ihm Regierungsunfähigkeit vorhielt und seinen Rücktritt forderte. Zehntausende Demonstranten erzwangen in der *avenue Bourguiba* in Tunis diesen Mitte Januar 2011.

3.2.5 Rolle der sozialen Medien

Weltweit gibt es über 600 Mio. Facebook-User, die die sozialen Medien zum Chatten, für Informationsübertragung oder zum Kennenlernen von Personen nutzen.[24] Dieser rasante Run auf die sozialen Medien im Netz ist auch an den Maghreb-Staaten nicht spurlos vorbeigegangen. Noch unter Ben Ali wurde Facebook zwar

---

[22] Vgl. hierzu die zehnminütige, französische Fernsehreportage anlässlich des Frauentages in Tunesien vom 13.08.1966 unter: http://alombredesoliviers.buyforum.net/t2107-tunisie-13-aout-1966-habib-bourguiba-fete-de-la-femme.

[23] Vgl. hierzu das Interview mit der tunesischen Dissidentin und Journalistin Sihem Bensedrine im Exil in Deutschland auf Suite 101: „Sihem Bensedrine – tunesische Stimme für die Freiheit, vom 19.01.2011". Sowie Tahar Ben Jelloun, a. a. O., S. 30–31.

[24] Vgl. den Artikel in der F.A.Z. unter: http://www.faz.net/aktuell/technik-motor/computer-internet/gesichtserkennung-bei-facebook-gesucht-erkannt-verlinkt-1657009.html.

geöffnet, während das Internet generell zensiert und nicht öffentlich zugänglich war. Staatspräsident Ben Ali wollte über die Öffnung von Facebook für die Jugend erfahren, wie sie über ihn dachte. Vor allem die Seiten des regierungskritischen Online-Magazins Kalima, dessen Netzzugang mit Hilfe von Reporter ohne Grenzen eingerichtet wurde, waren für tunesische Internetnutzer gesperrt, aber auch das kommerzielle Web-Dienstleistungsportal Flickr, bei dem man digitalisierte Bilder oder Videos mit Notizen auf die Webseite laden kann.

Bereits vor und während der Jasmin-Revolution ist die Zahl der Facebook- und Twitter-Nutzer auch in Tunesien stark angestiegen. Innerhalb von sechs Monaten um rund 25 % wie westliche IT-Experten[25] schätzen. Rund zwei von 10 Mio. Tunesier im Alter zwischen 18 und 35 Jahren sind mit dem Medium vertraut und haben es in der Zeit der Revolution genutzt, um gegen die staatliche Zensur im Internet anzuschreiben. Dabei riskierten sie, von der Polizei verhaftet zu werden, mit dem Vorwurf einen Hackerangriff auf Regierungsrechner verübt zu haben. Bei Blogs, in denen es u. a. um geplante Demonstrationen oder politisch anders motivierte Inhalte ging, versuchte die 1996 gegründete tunesische Internet-Behörde, ATI (Agence Tunisienne d'Internet,[26]) einen Zugriff auf die Passwörter[27] von Facebook- oder Yahoo-Nutzern zu bekommen, um die E-Mails zu kontrollieren.

Die Rolle der ATI in der Steuerung des Internetzugangs in Tunesien erklärt sich aus ihrem juristischen Selbstverständnis. Der Form nach wurde sie als öffentliche Behörde gegründet, die den Zugang zum Internet und seinen Diensten öffnet und steuert sowie den Austausch zwischen dem nationalen und den internationalen Netzen herstellt. Dazu gehörte auch die staatlich legitimierte Überwachung der elektronischen Nachrichten. Über die ATI hatten die tunesischen Staatsvertreter Kontrolle über die Besucher im Netz und ihren Austauschpartnern erhalten.

Die allseitige Überwachung der Tunesier war die eine Seite der Medaille. Auf der anderen Seite standen eine übermäßig hohe Arbeitslosigkeit unter Jugendlichen, hohe Lebensmittelpreise sowie Korruption in Wirtschaft und Verwaltung. Tahar Ben Jelloun bemängelt, dass alle Informationen in Tunesien beschönigt waren. Es gab über die wahren Zustände in Politik, Wirtschaft und Gesellschaft – die Medien übten ja nicht die gewohnte Rolle von Kritik und Kontrolle der Gewalten – überhaupt keine offiziellen Informationen oder Nachrichten. So waren auch keine offiziellen Statistiken verfügbar über die Höhe der Arbeitslosigkeit oder über die wahre Wahlbeteiligung der Bevölkerung bei den Parlamentswahlen. Offensichtlich hat die tunesische Zeitung La Presse am 7. Feb. 2011 im Aufwind der beginnenden

---

[25] Vgl. IT-News für Profis unter: http://www.golem.de/1103/81805.html.

[26] http://www.ati.tn/fr/index.php?id=85&rub=26.

[27] Vgl. http://www.zeit.de/digital/internet/2011–01/tunesien-zensur-facebook.

politischen Liberalisierung erstmals Vergleichszahlen veröffentlicht: Demnach waren 44,9 % der Akademiker in Tunesien arbeitslos. Bei Jugendlichen im Alter von 18 bis 29 Jahren waren es 29,8 %. 1,3 Mio. Jugendliche haben die Schule abgebrochen und 70 % der jungen Tunesier wollten auswandern.[28]

Entgegen der Regierungspropaganda zeichnete sich in über zwanzig Jahren Präsidentschaft Ben Alis ein absolut desolates Bild innerhalb der Gesellschaft ab, das in völligem Kontrast zu dem und denjenigen stand, die sich mit dem Regime, der Partei oder dem Clan arrangiert hatten. Denn jene waren offiziell versorgt. Hier griffen zwar nicht die wohlfahrts- oder sozialstaatlichen Prinzipien unseres Rechtsstaates. Vielmehr profitierten sie von Nepotismus und Korruption. Das tunesische Modell stellte also jeden Tunesier vor die Wahl: entweder Mitläufer im System oder arm, arbeitslos und verfolgt zu sein und folglich keine richtige Existenzberechtigung zu haben.

Der arbeitslose Akademiker Mohammed Bouazizi aus einer kleinen Kreisstadt im Zentrum Tunesiens Sidi Bouzid, entschied sich ganz klar für die zweite Variante. Als sein Vater starb, musste er frühzeitig die Hochschule verlassen und fristete das unstete Leben eines Gemüsehändlers mit einem Karren ohne festen Stand. Die Einnahmen aus dem Straßenverkauf reichten für die Eröffnung eines eigenen Geschäfts nicht aus.

Allen Korruptionsversuchen der tunesischen Polizei zum Trotz, Schmiergelder für seinen Karren mit Obst und Gemüse zu zahlen, blieb der achtundzwanzigjährige Gemüsehändler Bouazizi, der zu Hause als Alleinverdiener seine Mutter und Geschwister zu versorgen hatte, unnachgiebig und setzte sich damit der Willkür seiner Verfolger aus.

Diese Integrität, die allein schon wegen der erduldeten ökonomischen Widrigkeiten, etwas ganz Besonderes war und von der Tahar Ben Jelloun glaubt, dass derartige Persönlichkeiten nur alle hundert Jahre in der arabischen Welt auftauchen, verbreitete unter den tunesischen Polizisten Angst und Wut. „Er war weder Held noch Märtyrer, ein wie vom Himmel Gesandter, eine Art Laienprophet, ein klar denkender, gerechtigkeitsliebender Weiser."[29]

Mohammed Bouazizi wurde von der Polizei täglich bedrängt und vertrieben, einem Katz- und Maus-Spiel gleich. Als zwei Polizisten ihn beschimpften, schlugen und demütigten und seinen Karren konfiszierten, reagierte dieser mit einer Verzweiflungstat. Er verstarb an den Folgen seiner Tat am 4. Jan. 2011. Diese übte jedoch eine explosionsartige Wirkung auf die tunesische Gesellschaft aus.

---

[28] Die Zahlen sind nach Tahar Ben Jelloun, a. a. O. zitiert, S. 43.

[29] Auszug aus einem Artikel Ben Jellouns in: LE MONDE vom 10. Apr. 2003, zitiert nach Ben Jelloun, a. a. O., S. 119.

Der junge, arbeitslose Akademiker hat den Funken der Revolte ausgelöst, die zur Revolution wurde und letztlich beinahe die ganze arabische Welt erfasste. 260 km von Tunis entfernt bildete sich zunächst in der Nähe von Sidi Bouzid eine Menge von 5.000 Demonstranten am Friedhof und skandierte „Mohammed ist das Symbol des Protestes gegen Arbeitslosigkeit."[30] Von da aus griff die Solidaritäts-welle auf andere tunesische Städte über und machte auch vor der Hauptstadt Tunis keinen Halt. Hier überstürzten sich die politischen Ereignisse und führten die Re-volte in die Revolution, den Umsturz des Regimes. Ben Ali versuchte noch in drei offiziellen Reden vom 10. bis 13. Jan. 2011 die aufgebrachten Demonstranten, die sich zu Tausenden versammelten und seinen Rücktritt forderten, zu beruhigen, in-dem er Reformen versprach: Er wollte sich 2014 nicht mehr zur Wahl zu stellen, die Informationsfreiheit sowie die Freiheit des Internet garantieren, die Lebensmittel-preise von Milch, Brot und Zucker senken und neue Arbeitsplätze schaffen.[31] Doch seine Reden an das Volk zeigten keine Wirkung mehr. Die Proteste gingen weiter. Ben Ali löste die Regierung auf, kündigte Neuwahlen an und bat vergebens um Einreiseerlaubnis in Frankreich. Schließlich flog er am 14. Jan. 2011 nach Saudi-Arabien ins Exil.

3.2.6 Übergangsregierungen

Über die fortdauernden Proteste bildete sich eine soziale Bewegung, die einen tiefer gehenden politischen Wandel anstrebte. In den Forderungen der Tunesier ging es um den Rücktritt der alten Regierungsgarde, um echte Demokratie sowie um Brot und Freiheit. Doch die nach dem Rücktritt Ben Alis am 17. Jan. 2011 gebildete erste Interimsregierung zeichnete sich als Fortsetzung der politischen Kontinuität der alten Garde mit teils neuen Gesichtern ab.

Mohammed Ghannouchi, ein alter parteipolitischer Weggefährte Ben Alis, wur-de neuer Premierminister. Der Verfassungsrat setzte den ehemaligen Präsidenten der Abgeordnetenkammer Fouad Mebazaa als geschäftsführenden 4. Präsidenten Tunesiens ein. Mebazzas Aufgabe war die Vorbereitung von Neuwahlen. Auch er war ein langjähriges Mitglied der RCD Ben Alis. Die Schlüsselministerien wurden an die Parteimitglieder der RCD vergeben und wie unter Ben Ali wurde Opposi-tionsparteien kein großes politisches Gewicht zuerkannt. Für deren Mitglieder wa-

---

[30] Zitiert nach dem Artikel in: Le Parisien vom 5.01.2011.

[31] Vgl. hierzu die Berichterstattung der französischen Tageszeitung „Le Parisien", vom 14.1.2011: http://www.leparisien.fr/international/tunisie-l-opposition-juge-plutot-positif-le-discours-de-ben-ali-14-01-2011-1226729.php.

ren einzig kleinere Ministerien bestimmt. So wurde beispielsweise Ahmed Brahim von der marxistischen Bewegung Ettajdid (Erneuerung) Minister für Hochschulwesen und wissenschaftliche Forschung. Am 18.1.2011 traten Ghannouchi und Mebazaa aus der RCD aus. Dem Beispiel folgten daraufhin alle Minister der ersten Übergangsregierung, die noch Mitglied der RCD waren, so dass es am 27.1.2011 zur Regierungsumbildung kam.

Die dritte Übergangsregierung unter Premierminister Béji Caid Essebsi Ende Februar 2011, in der keiner der 22 Kabinettsangehörigen mehr der alten Garde Ben Alis angehörte, erfüllte damit schließlich eine wichtige Forderung der anhaltenden Proteste im Land.

3.2.7   Islam als neue Identität

Experten und Beobachter sahen in der politischen Entwicklung Tunesiens einen Richtungswechsel voraus. Entgegen den ursprünglichen Ideen des Arabischen Frühlings zeichnete sich in Tunesien eine Rückkehr zur islamischen Identität bereits in der Vorwahlphase ab. Beinahe hundert Parteien, darunter sehr viele Neue, wollten den Sprung ins Parlament schaffen und die politischen Geschicke in Tunesien mitbestimmen. Denn schon bald wurde deutlich, dass auch Essebsi nicht stark genug war, um die Forderungen der politischen Kräfte der Revolution zu erfüllen.

3.2.8   Neuwahlen

Mehrere Wahltermine wurden für die verfassungsgebende Versammlung angesetzt: der 24. Juli, der 16. Oktober und schließlich der 23. Okt. 2011. 7 Mio. Wahlberechtigte sollten 217 Mitglieder der Verfassungsgebenden Versammlung wählen. Deren Aufgabe ist es, einen neuen Übergangspräsidenten zu bestimmen und ein Grundgesetz zu erarbeiten. Nach ersten Auszählungen der abgegebenen Wahlstimmen trug die Ennahdha-Bewegung mit 89 der 217 Sitze der Verfassungsgebenden Versammlung den Wahlsieg davon,[32] gefolgt von den Mitte-Links-Parteien CPR (Kongress für die Republik) mit 29 Sitzen und der sozialdemokratischen Partei Ettakatol mit 20 Sitzen. Die Versammlung verabschiedete Mitte Dezember 2011 eine Übergangsverfassung und wählte die Übergangsregierung mit Moncef Marzouki

---

[32] Vgl. http://www.zeit.de/news/2011–10/24/wahlen-hinweise-auf-wahlsieg-der-islamisten-in-tunesien-24125802.

(CPR) an der Staatsspitze und Hamadi Jebali (Ennahdha) als neuen Premierminister.

Bereits im Vorfeld der Wahlen vom 23. Oktober gab es bei den Wahlumfragen einen Favoriten der Tunesier, der sich von der Menge abhob.

Dazu ein Interview[33] mit der Expertin des Maghreb und Mittleren Ostens Mansouria Mokhefi vom Institut für internationale Beziehungen, IFRI (Institut Francais des Relations Internationales), in Paris.

▶   Welche Kandidaten haben denn die besten Chancen, gewählt zu werden in Tunesien? Es gibt ja bürgerliche, konservative Parteien; es gibt die Einheitsgewerkschaft UGTT (Union Génerale Tunisienne du Travail) und es gibt Parteien mit kommunistischem Vorzeichen? Oder hat der Regierungschef Béji Caid Essebsi selbst die Chancen auf eine Wiederwahl?

▶   **Mokhefi** „Leider ist das Szenario einfach. Auch wenn es viele unterschiedliche Kandidaten gibt, die miteinander in Konkurrenz stehen, hebt sich nur ein Favorit von der Menge bisher ab. Die einzige, von allen Tunesiern anerkannte Partei ist die Partei der Muslime. Sie genießt breite Popularität und Rückhalt im Volk. Sie wurde vor langer Zeit gegründet. Deren Parteimitglieder wurden unter Staatspräsident Ben Ali verfolgt und mussten das Land verlassen. Ihr Vorsitzender ist Rachid al-Ghannouchi, der über 20 Jahre in London im Exil lebte. Er ist ein gemäßigter Vertreter des Islam und hat nichts mit der Jasmin-Revolution zu tun. Rachid al-Ghannouchi ist mit Eintreten der Jasmin-Revolution nach starker Repression im In- und Ausland nach Tunesien zurückgekehrt. Er gilt wegen seiner Kritik des Regimes Ben Alis als authentischer Oppositioneller."

▶   Steht Rachid al-Ghannouchi für einen Gottesstaat nach iranischem Vorbild?

▶   **Mokhefi** „Nein überhaupt nicht. Die Muslime haben aus der iranischen Revolution gelernt und keine islamische Partei ist heute gewillt, diese zu wiederholen. Sie wollen eine Art Demokratie und die Macht über Wahlen mit anderen politischen Parteien teilen. Rachid al-Ghannouchi steht eher für einen Islam nach türkischem Vorbild."

---

[33] Auszug aus dem in der Frankfurter Neuen Presse am 8. Juli 2011 erschienenen Interview.

► Welches Parteiprogramm vertritt die Partei der Muslime?

► **Mokhefi** „Sein Parteiprogramm antwortet auf ein Bedürfnis der Tunesier, die den Islam in Tunesien anerkannt sehen wollen. Das ist widersprüchlich, da Tunesien bisher als laizistisches arabisches Land im Vergleich zum Rest der arabischen Welt galt. Rachid al-Ghannouchi vertritt einen aufgeklärten und gemäßigten Islam. Er möchte die Sharia politisch und gesetzlich implementieren."

► Wie ist die wirtschaftliche Situation seit Ausbruch der Jasmin-Revolution?

► **Mokhefi** „Tunesien befindet sich in einer dramatischen wirtschaftlichen Situation. Das Einkommen im Tourismussektor ist stark zurückgegangen. Dort haben bisher 450.000 Jugendliche gearbeitet. Man geht im Tourismusgeschäft von einem Verlust der Devisenreserven von 3 Mrd. $ seit Dezember 2010 aus. Durch die (bevorstehenden) Wahlen wie auch den Zuzug von Flüchtlingen aus Libyen herrscht auch Unsicherheit. Die Lage verbessert nicht die Auslandsinvestitionen. Vor allem Arbeiter aus Libyen aller Nationalitäten drängen nun über die Grenze nach Tunesien. Bisher wird ihre Zahl auf 200. bis 300.000 Auswanderer geschätzt".

► Welche Hilfe haben die Europäische Union und die USA zur Unterstützung des demokratischen Ausbaus im Maghreb nach der Jasmin-Revolution zugesagt? Man spricht ja von einer Art Marschall-Plan-Hilfe wie in Deutschland nach dem Zweiten Weltkrieg.

► **Mokhefi** „Washington spricht von einer Art Marschall-Plan. Aber es wird ein globaler Marshall-Plan sein. Das wird nicht ganz einfach werden, da die Unterschiede und Bedürfnisse der jeweiligen Bevölkerung im Maghreb groß sind. Aber alle Länder werden am Aufbau beteiligt sein. Die Europäische Union wird 90 Mio. $ geben. Insgesamt wird ein Hilfspaket in der Größenordnung von 1,4 Mrd. $ geschnürt. Für Tunesien ist die finanzielle Unterstützung ganz wichtig, da damit gegen die Arbeitslosigkeit gekämpft, die Auswanderung in die Europäische Union unterbunden und Flüchtlingshilfe geleistet wird."

3.3   Internet und Internetmedien

Im Unterschied zum Internet und den sozialen Medien im Orient hat das Internet in westlichen, demokratischen Gesellschaften ökonomische, politische und kulturelle Funktionen und konnte sich aufgrund des Schutzes der Grundrechte sowie der Presse- und Meinungsfreiheit rasant entwickeln. Die Europäische Kommission geht davon, dass sich in einer zeitlichen Spanne (von 1996–2011) von 15 Jahren das Internet als:

1. Globales Medium
2. Netzwerk der Netzwerke
3. Grenzüberschreitendes Medium für den e-commerce, das Internetbusiness
4. Kern eines globalen Marktes mit vielen Dienstanbietern und Dienstleistungen
5. Medium für: Kommunikation, Unternehmen, Bildung, Kultur, soziale Interaktion, Wissenschaft, Technologie, Medienvielfalt und Meinungsfreiheit entwickelt hat.[34]

Für den Welthandel sowie die Weltwirtschaft ist das Internet unter den Aspekten der Schnelligkeit der Dienste, der globalen Vernetzung sowie der ständigen elektronischen Verfügbarkeit der Inhalte unabhängig von der Tageszeit oder den Zeitzonen wichtig.

Dabei hat sich an der Grundidee des US-Verteidigungsministeriums seit Ende der sechziger Jahre nichts verändert, das Internet als ein Kommunikationsnetz zu entwickeln, das nicht von einem Zentralcomputer abhängig, sondern auch dann funktionsfähig sein sollte, wenn Teile davon ausfielen. Bis heute hat sich die dezentrale Struktur des Internets erhalten. Es bietet Raum für Diskussionsforen, chat rooms, für das Telefonieren übers Internet, für Dokumentensammlungen über das Word Wide Web, sowie für Online-Dienste: Nachrichten, Zeitungsartikel, Reiseinformationen, Sport, Spiele, Unterhaltung, digitalen Hörfunk, digitales Fernsehen etc.

3.3.1   Internetnutzung

Bereits im Jahr 2002 haben schon rund 50 % der deutschen Bevölkerung zwischen 14 und 64 Jahren das Internet und seine Dienste regelmäßig genutzt. Zu den am

---

[34] http://ec.europa.eu/information_society/policy/ecomm/doc/library/communications_reports/netneutrality/comm-19042011.pdf.

häufigsten genutzten Diensten gehörten die Bestellung von Büchern übers Internet, Buchung von Reisen, von Bahn- und Flugtickets und CDs aus dem Internethandel. Dies ergab eine Umfrage im Befragungszeitraum von Januar bis August 2002 des Allensbach Instituts. Von rund 10.000 Befragten waren bereits mehr als die Hälfte Online-Nutzer.[35] Das Institut für Demoskopie Allensbach erstellt jährlich seit 1997 die Allensbacher Computer- und Telekommunikations-Analysen (ACTA), wobei hiermit der Wandel der Internetnutzung sowie der Dienste des e-Commerce im jährlichen Rhythmus dokumentiert werden. Zehn Jahre später liegen die sozialen Medien sowie die Nutzung der redaktionellen Informations- und Online-Angebote der Zeitungen eindeutig im Aufwärtstrend.

Das neueste Zahlenmaterial des Instituts für Demoskopie Allensbach aus dem Jahr 2011 veranschaulicht einen deutlichen Anstieg der Facebook-Nutzung. Erhebungen zwischen 2009 und 2011 ergaben, dass Facebook 2009 in Deutschland wöchentlich von nur 1,75 Mio. Internetbesuchern im Alter zwischen 14 und 64 Jahren genutzt wurde. Diese Zahl ist 2011 exponentiell auf 25,23 Mio. wöchentlicher deutscher Facebook-Nutzer[36] angestiegen.

Zudem hat das Institut für Demoskopie Allensbach auch eine Top-Ten-Liste für die Nutzung redaktioneller Informationsdienste erstellt, wobei Wikipedia an erster Stelle steht, gefolgt von Spiegel Online, Bild.de und der Webseite der ARD.de. Was die Nutzung von Online-Angeboten der Zeitungen angeht, liegt Bild.de an erster Stelle, gefolgt von der Süddeutschen und der FAZ.[37] Ein weiterer Trend besteht in der zunehmend mobilen Nutzung der Online-Dienste.

3.3.2 Positive und negative Freiheiten im Netz

Freiheiten definiert man nach dem Grad der Verantwortung des Einzelnen gegenüber der Gemeinschaft. Zu den positiven Freiheiten der Internetuser gehört die Achtung der Grundrechte, nicht nur der eigenen subjektiven Rechte, sondern auch der Rechte anderer. Negative Freiheiten sind diejenigen, die durch den Staat reguliert werden müssen, weil ein Missbrauch der eigenen Freiheit des Einzelnen zu

---

[35] Vgl. hierzu die Umfrage des Instituts für Demoskopie Allensbach von 2002: http://www.ifd-allensbach.de/pdf/prd_0220.pdf.

[36] Vgl. hierzu ACTA 2011, den Bericht: „Das Zusammenspiel von Offline- und Online-Werbemedien: Print – Online – Mobile – Apps, von Johannes Schneller, Institut für Demoskopie Allensbach, vom 6.10.2011 in Hamburg": http://www.acta-online.de/praesentationen/acta_2011/acta_2011-offline_online.pdf.

[37] Ibidem.

Ungunsten der Gemeinschaft vorliegt. Gängige Beispiele sind der Missbrauch persönlicher Daten im Netz sowie von Persönlichkeitsrechten.

Unabhängig von der Definition der positiven und negativen Freiheit im Netz, schafft das Internet eine neue Form der Öffentlichkeit. Über die Möglichkeit der Vernetzung, die Offenheit des Internets, über neue Formen des Internetjournalismus entstehen auch diverse politische communities. Während über wirtschaftlichen Content kommerzielle Synergien im Netz über die Betonung von Verkauf und Werbung noch verschärft werden können, haben demokratische Gesellschaften über das Netz auch die Möglichkeit, sich zu politisieren. Denn das Netz bietet ebenso Raum für die Anliegen der neuen sozialen Bewegung, der Internationalen Organisationen der Vereinten Nationen, der Menschenrechtsorganisationen wie Amnesty International oder Human Rights Watch sowie für politische Plattformen. Direktdemokratische Ansätze können im Internet leicht grenzüberschreitende Verbreitung finden.

3.3.3 Direkte Demokratie im Netz

Ein Beispiel ist die Webseite Abgeordnetenwatch.de, die von Gregor Hackmack aus Hitzacker seit 2004 mit aufgebaut wurde. Diese hat sich zu einer direktdemokratischen Plattform im Netz entwickelt mit dem Ziel, die Politikverdrossenheit der Bürger zu reduzieren, die Beteiligungsmöglichkeiten und Transparenz in der Politik zu fördern sowie eine selbstbestimmte Gesellschaft zu stärken.[38] Seit 2006 beantworten viele Abgeordnete, die im Bundestag noch keinen großen Namen haben, Fragen der Bürger, die diese über ein Eingabeformular auf Abgeordnetenwatch.de stellen. Zurzeit sind auf Abgeordnetenwatch.de 120.000 Fragen und 100.000 Antworten gespeichert. Bei einer Podiumsdiskussion im NDR sagte Gregor Hackmack, dass Abgeordnetenwatch.de eine echte Bürgerkontrolle der Abgeordneten biete, wobei ehrenamtliche Moderatoren Beleidigungen und Spams im Portal vorher aussortieren. Das Portal ist dem gemeinnützigen Verein Parlamentswatch. e. V. angegliedert.

92 % der Bundestagsabgeordneten antworten mittlerweile direkt auf die gestellten Fragen. Vertreter der höchsten Regierungsämter im Staat verweigerten bisher die Teilnahme am Forum. Ganz im Unterschied zum US-amerikanischen Präsidenten Barack Obama, der im Wahlkampf und bei der Verleihung des Friedensnobelpreises direkt mit den Bürgern über Internet kommunizierte. 2,5 Mio.

---

[38] Abgeordnetenwatch.de: http://www.deutscher-engagementpreis.de/projekt_detail_ansicht_2011.html?&no_cache=1&id=2.

Menschen hatten über Twitter dem US-Präsidenten gratuliert, der sich dafür Online bedankte.

Hackmack will künftig die Debatte zwischen Bürgern und Abgeordneten über
Abgeordnetenwatch.de auf allen politischen Ebenen ausdehnen. Für 10 Parlamente
ist dies bereits Realität. Angestrebt wird eine Vernetzung in allen 16 Bundesländern
wie auch mit den EU-Parlamentariern. Nach Auffassung des Politikwissenschaft-
lers Hackmack gehe der Trend in Richtung virtuelle Rathäuser. Diese sollten die
Bürger direkt über die Ausschussarbeit informieren, was die politischen Parteien
(die Piratenpartei, die FDP u. a.) beispielsweise in der Hamburger Bürgerschaft
über live streams aber mittlerweile praktizieren.

3.3.4   Neue Gesetzgebung der Bundesregierung

Es gibt auf europäischer und internationaler Ebene Bestrebungen,[39] Kontrolle über
das Internet zur Überwachung von Raubkopierern zu bekommen. Grund hierfür
ist die massive Verletzung von Urheberrechten besonders der Unterhaltungsindus-
trie infolge der Piraterie von Kinofilmen und Songs und den damit verbundenen
riesigen Gewinneinbußen. Einzelklagen der Geschädigten vor Gericht waren bisher problematisch, da sie die Zahl der Raubkopierer nicht eindämmten und diese
zeitlich langwierig sind. Ziel ist es deshalb, Verstöße gegen das Urheberrecht mit
einem Ausschluss des Users aus dem Netz zu ahnden. Für die Umsetzung auf nationaler Ebene sind derartige Abkommen häufig höchst problematisch, da sie Grundfreiheiten, wie beispielsweise das Recht auf Informations- und Meinungsfreiheit, in
Art. 5 GG, antasten und im Gegensatz zu den Grundrechten in der Bundesrepublik
Deutschland liegen.

So stimmte das Europäische Parlament mit 328 Stimmen Für- und nur 245
Gegenstimmen dem von der Europa-Abgeordneten Marielle Gallo (EPP, FR) vor-
legten Initiativbericht zu. Darin ersucht das Parlament die Kommission, auf die
Industrie einzuwirken, um neue Bezahlsysteme zu etablieren, die den Verbraucher ermutigen, rein auf legale Angebote im Netz zurückzugreifen. Es gehe um
eine einheitliche Strategie zum Schutz des geistigen Eigentums und die Anpassung
der europäischen Gesetzgebung. Einzige Ausnahme sei eine nicht zu gewerblichen
Zwecken genutzte reine Privatkopie. Wie dringlich[40] die gesetzliche Regulierung
der Frage von Raubkopien auch aus Sicht des Bundesverbandes der Musikindustrie

---

[39] Vgl. hierzu: http://www.spiegel.de/netzwelt/netzpolitik/0,1518,704980,00.html.

[40] http://www.europarl.europa.eu/de/pressroom/content/20100920IPR82936/html/On-line-
piracy-harmonising-copyright-at-European-level.

(BVMI) ist, belegt das von ihm vorgelegte Zahlenmaterial. Wird bis 2015 der Internet-Piraterie kein Einhalt geboten, rechnet der BVMI in 27 EU-Staaten mit einem Verlust von 1,2 Mio. Arbeitsplätzen und 56 Mrd. € Einbußen.[41]

Das Europäische Parlament empfiehlt auch, ein internationales Handelsabkommen (ACTA), Anti-Counterfeiting Trade Agreement, zwischen Industrie- und Schwellenländern zu verabschieden, um geistiges Eigentum weltweit zu schützen. Dieses wird seit 2008 verhandelt.

3.3.5 Enquete-Kommission:„Internet und digitale Gesellschaft"

Auf nationaler Ebene gibt es bisher keine gesetzlichen Bestrebungen, die Freiheit im Internet einzuschränken. Die Enquete-Kommission „Internet und digitale Gesellschaft",[42] die von 2010 bis 2012 die Auswirkungen des Internets auf Politik und Gesellschaft untersucht, hat am 17. Okt. 2011 ihren Zwischenbericht vorlegt. Vier Arbeitsgruppen setzen sich dabei mit den Themen Netzneutralität, Urheberrecht, Datenschutz und Medienkompetenz auseinander. Bisher konnten sich die 17 Mitglieder des Deutschen Bundestags sowie die 17 Sachverständigen nicht auf gemeinsame Handlungsempfehlungen einigen. Betont wird vor allem in der 13. öffentlichen Sitzung der Enquete-Kommission im Bundestag, die im Internet über vier Stunden live übertragen wird, die Netzneutralität unter dem Aspekt des hohen Gutes, das es zu bewahren gilt.[43] In der Sitzung vom 21. Februar[44] wurde der Begriff der Netzneutralität unter dem Aspekt der Diskriminierungsfreiheit diskutiert. Es ging dabei um den freien Zugang von allen Dienstanbietern und Nutzern zum Internet.

Die Bundesjustizministerin Leutheusser-Schnarrenberger skizzierte darüber hinaus die Anforderungen an eine nationale wie internationale Regelung im Rahmen einer „Charta für das Internet". Diese müsste einerseits auf demokratischen und ethischen Grundsätzen, der freien Meinungsäußerung, den Menschenrechten fußen und andererseits auch die Ansprüche der Kreativunternehmen berücksichti-

---

[41] Vgl. hierzu: http://www.urheberrecht.org/news/w/urheberrechtsrichtlinie/p/1/i/4043/.

[42] Vgl. hierzu die Dokumentation der Enquete-Kommission unter: http://www.bundestag.de/internetenquete/.

[43] http://www.bundestag.de/internetenquete/Dreizehnte_Sitzung/index.jsp.

[44] Vgl. Die Sitzungsprotokolle der Enquete-Kommission: unter: http://www.bundestag.de/internetenquete/dokumentation/Netzneutralitaet/index.jsp.

gen.[45] Leutheusser-Schnarrenberger nimmt damit Bezug auf den Vorschlag einer „Bill of Rights in Cyberspace" des US-amerikanischen Kommunikationswissenschaftlers Jeff Jarvis. Jarvis knüpfte dabei wiederum an den Vorschlag John Perry Barlows zur „Declaration of Independance of Cyberspace" von 1996 an, der eine Art Verfassung für das Internet präsentierte. Eine aus diesen Vorschlägen hervorgehende Regelung sollte folgende Aspekte miteinbeziehen:

1. Das Recht auf Vernetzung
2. Die Grundrechte: Meinungs- und Versammlungsfreiheit, etc.
3. Öffentlichkeit als öffentliches Gut zu bewahren
4. Regierungen oder Unternehmen sollten keine Kontrolle über das Internet haben.[46]

Auch Leutheusser-Schnarrenberger sieht bisher den Schutz der Netzneutralität als vorrangig an, auf den sich die Europäische Kommission 2009 im Rahmen einer Deklaration für Europa geeinigt hat. Dabei geht es um die Bewahrung des „(…) open und neutral character of the internet (…)".[47] Dies jedoch aus Sicht der Bundesjustizministerin unter Berücksichtigung der Notwendigkeit, die Privatsphäre zu schützen und den Datenschutz im Netz zu garantieren.[48] Die bisher einzige Gesetzesgrundlage in Deutschland zur Regelung des Internets bietet das Telekommunikationsgesetz[49] vom 25. Juli 1996, mit seinen Gesetzesnovellen von 2004, 2007 und 2011. Das Bundesgesetz schafft einen Rechtsrahmen für die neuen multimedialen Dienste und Programme. Darin eingeschlossen sind auch Vorschriften zum Schutz personenbezogener Daten sowie zum Jugend- und Urheberschutz.

---

[45] Vgl. hierzu den Artikel vom 29.4.2011: „Bundesjustizministerin: ‚Netzneutralität muss geschützt werden' ", in: http://www.urheberrecht.org/news/4260/.

[46] http://www.buzzmachine.com/2010/03/27/a-bill-of-rights-in-cyberspace/.

[47] http://ec.europa.eu/information_society/policy/ecomm/doc/library/communications_reports/netneutrality/comm-19042011.pdf.

[48] http://www.urheberrecht.org/news/4260/.

[49] Vgl. hierzu den Gesetzestext: http://www.gesetze-im-internet.de/tkg_2004/.

Medienethik – Medienrecht

4

4.1 Medien und ihre Funktionen in der Demokratie

Demokratie entsteht über den Wechsel von Mehr- und Minderheiten an der Regierung, aber auch über die Entfaltung eines Interessenpluralismus. Dies bedeutet nichts anderes, als dass die Regierenden Konflikte in der Kontroverse mit der Opposition und den Lobbyisten aufgreifen und in politische Entscheidungen verwandeln. Massenmedien konfrontieren dabei, informieren und klären die Bürger über die diversen politischen und sozialen Interessen und Auseinandersetzungen auf. Sie stellen Öffentlichkeit her, in deren Bühnenlicht sich Regierung, Opposition und Sozialpartner bewähren müssen.

Die Massenmedien halten in der Demokratie die bedeutendste Informationsfunktion inne. Entweder beziehen sie selbst Stellung, stellen für Parteien ein Forum dar oder veranschaulichen kontroverse Konfliktinhalte mit Hilfe von Zusatzinformationen. Ohne Massenmedien gäbe es keine Kenntnis über die Interessenkonflikte in den drei Gewalten Legislative, Exekutive und Judikative. Damit gäbe es auch keine Demokratie, weil Konflikte nicht zur Sprache kämen. Demokratie kann auch nur dann funktionieren, wenn keine Gewalt die andere völlig beherrscht, also nach dem Ansatz von Montesquieu jede Gewalt für sich unabhängig ist. Unabdingbare Grundvoraussetzung ist dabei, dass die Presse – Print, Hörfunk, Fernsehen, Online – frei ist.

In einer funktionieren Demokratie hat die Presse drei klassische politische Funktionen[1]:

---

[1] Vgl. hierzu besonders die Neuauflage von Meyn (2004, S. 23–29).

C. Hangen, *Grundlagenwissen Medien für Journalisten*,
DOI 10.1007/978-3-531-19017-4_4,
© VS Verlag für Sozialwissenschaften | Springer Fachmedien Wiesbaden 2012

1. Sie hat die Informationsfunktion[2].
2. Sie wirkt bei der Meinungsbildung mit.
3. Sie kritisiert und kontrolliert die drei Gewalten im Staat.

Daneben diskutiert die Medienwissenschaft noch weitere Funktionen der Medien.

4. Medien, besonders Rundfunk und Fernsehen, haben den Auftrag zu unterhalten und zu bilden.
5. Medien erfüllen auch im Sinne des Grundgesetzes, das allen Staatsbürgern Chancengleichheit unabhängig von Geschlecht und Herkunft zuerkennt, eine Integrationsfunktion gegenüber gesellschaftlichen Minderheiten in der Demokratie.
6. Sie bieten in der täglichen Berichterstattung für die Staatsbürger Orientierung auf allen Regierungsstufen (kommunaler, Landes- und bundesstaatlicher Ebene).
7. Special Interest-Medien oder Zielgruppenmedien haben auch eine Sozialisationsfunktion (für diverse Lebenswelten).

Staatsbürger könnten ihre Pflichten und Rechte in der Demokratie nicht erkennen und ausfüllen, wenn die Medien nicht vollständig, sachlich richtig, objektiv und wenn nötig kritisch über die res publica informieren. Der Medienrezipient erkennt seine Interessenlage, versteht die demokratische Grundordnung und ist über die Absichten und Handlungen aller Beteiligten informiert und unterrichtet. Dieses Wissen wiederum gibt ihm die Möglichkeit, seine Rolle als Wähler, als Mitglied einer Bürgerinitiative oder einer Partei wahrzunehmen.

Die Bedeutung der Informationsfunktion der Medien wurde vor allem durch das Urteil des Hamburger Senatsdirektors Erich Lüth am 15.01.1958 betont. Dieses für die Medien wichtigste Urteil, das auch als Grundsatzurteil in die Geschichte der Bundesrepublik eingegangen ist, hat das Grundrecht auf freie Meinungsäußerung als „unmittelbarsten Ausdruck der menschlichen Persönlichkeit" gewertet, es sogar als „vornehmstes Menschenrecht" in der Gesellschaft gedeutet und somit seinen konstitutiven Charakter für eine freiheitlich-demokratische Grundordnung unterstrichen[3]. Demnach kann erst über die freie geistige Auseinandersetzung, die die

---

[2] Vgl. zur Informations- und Bildungsfunktion von Medien auch Bergsdorf (1980a, S. 75–90).

[3] Vgl. dazu das Urteil des Bundesverfassungsgerichts vom 15.1.1958 im Wortlaut: http://www.telemedicus.info/urteile/Presserecht/Meinungsfreiheit/173-BVerfG-Az-1-BvR-400-51-Lueth.html.

Grundlage jeder Freiheit überhaupt ist und an der die Presse einen Löwenanteil
trägt, eine Demokratie aufrechterhalten werden.

4.1.1 Mitwirkung bei der Meinungsbildung

Medien wirken bei der Meinungsbildung mit. Die Meinungsbildung wird aber
durch die Verhältnisse im Staat beeinflusst. Dass es Machtverhältnisse in einer Demokratie gibt, steht außer Frage. Eine öffentliche Diskussion sollte von den Medien
aber fair geführt werden, das heißt, dass nicht nur die Stärksten, also Parlament und
Regierung, sondern auch die Interessen der schwächeren Sozialpartner sowie die
von Minderheiten abgedruckt werden. Denn Meinungsbildung kann nur dann aus-
gewogen erfolgen, wenn die Medien ein umfassendes Bild des gesamten Meinungs-
spektrums in einer Demokratie abbilden. Dass das nicht immer möglich ist und
auch vom Medium abhängt, versteht sich von selbst. Dennoch müssen Medien allein schon, um dem Grundsatz der Chancengleichheit gerecht zu werden, auch die
Meinungen von Kirchen, Gewerkschaften, sozialen Bewegungen, Unternehmerver-
bänden spiegeln, ohne dabei ethnische, religiöse oder politische Minderheiten zu
verletzen. Aufgabe der Medien ist es, Chancengleichheit zwischen den Interessengruppen herzustellen. Dabei kann es auch dazu kommen, dass bei entsprechender
Sprengkraft von Bürgerinitiativen diese ganz in den Blickpunkt des Medieninteres-
ses gelangen, wie dies zur Zeit der Studentenbewegung 1968, der anschließenden
Anti-Atomkraftbewegung in den siebziger Jahren oder zuletzt bei der Widerstands-
bewegung gegen das Bauprojekt Stuttgart 21 der Fall war. Gründe für die starke
Betonung der Interessen der sozialen Bewegungen in den Medien können sein:
Regierungsparteien haben den Protest noch nicht verstanden. Sie können auf die
Forderungen noch nicht adäquat reagieren; oder sie lehnen die soziale Bewegung in
ihrem Modernisierungsansatz der Gesellschaft grundsätzlich im Kern ab.

4.1.2 Kritik und Kontrolle der Gewalten

Unbestritten haben die Massenmedien eine ganz wichtige Funktion im Staat, die
die beiden ersten Funktionen, die Informationsfunktion sowie die Funktion der
Mitwirkung an der Meinungsbildung, ergänzt. Je nach Mediensystem vermögen
die Medien, mehr oder weniger erfolgreich die politischen Gewalten zu kontrollieren und zu kritisieren. Natürlich tun dies auch die Gewalten untereinander, da
sie in der Demokratie frei und unabhängig sind, wie beispielsweise das Parlament
durch seine kleinen und großen Anfragen die Regierung kontrolliert und diese im
Rahmen des Rede- und Arbeitsparlamentes im Bundestag auch kritisiert. Doch

durch die Medienübertragung wird Transparenz in den einzelnen Entscheidungs-
ebenen hergestellt oder werden Missstände wie Korruption, bürokratische Willkür
überhaupt erst aufgedeckt. Die Freiheit der Medien ermöglicht es ihnen, staatliches
Fehlverhalten aufzudecken und die Öffentlichkeit in die Lage zu versetzen, ihre
Kontrollrechte in der Demokratie wahrzunehmen. Dazu gehören auch Verstöße
gegen Recht und Gesetz, die Medien thematisieren, womit sie Gerichten Anstöße
geben, Untersuchungen einzuleiten. Die Medien stellen so nicht nur Öffentlichkeit her und wirken am Meinungsbildungsprozess der öffentlichen Meinung mit,
sondern vermitteln auch die Macht der Regierenden und überbrücken die Isolation
der Staatsbürger im Gemeinwesen. Die Medien sind einfach ein zentraler Bestandteil für das Funktionieren der Demokratie.

4.1.3 Integrationsfunktion der Massenmedien

Jede Gesellschaft wird durch Werte zusammengehalten. Die Werte fußen in der
Bundesrepublik auf den Grundrechten und der Verfassung. Medien beeinflussen
in ihrer Wirklichkeits- und Weltendarstellung das Bild der öffentlichen Meinung.
Sie tun dies über Agenda-Setting, durch die Wahl der Aufmacher oder in der Ak-
zentuierung der Titelthemen, die für den jeweiligen Tag oder die Woche ausschlaggebend sind. Sie tun dies auch im Rahmen der von Elisabeth Noelle-Neumann so
bezeichneten Schweigespirale, indem sie die Umwelt beobachten oder sich anderer,
die Wirklichkeit vereinfachender Modelle bedienen. Ihre Integrationsfunktion per
Verfassungsauftrag besteht eigentlich darin, dass sie über ihren Diskurs alle Akteure an der Gemeinschaft teilhaben lassen. Dies geschieht über die Integration von
Konflikten in die Berichterstattung, die Darstellung von Dissens sozialer Akteure,
diverser gesellschaftlicher Gruppen, ihrer jeweiligen Werte und Normen. Medien
arbeiten über die Integrationsfunktion an der pluralistischen Differenzierung der
Gesellschaft mit und bilden so die Komplexität der Gesellschaft ab. Dies können sie
nur, wenn sie Stereotype aufbrechen, soziale Ungleichheit erklären, gesellschaftlich
artikulierte Interessen auffangen und als Medium Öffentlichkeit auf allen Ebenen
(Akteurs-, Gruppen, Staats- und Staatenebene) herstellen[4]. So stellen sie Akzeptanz, Partizipation und Repräsentation her.

Bedingung für eine starke Presse ist einerseits die Pressefreiheit, die verfassungs-
rechtliche Garantie, dass sich der Staat in die Berichterstattung nicht einmischt
und auf sie Einfluss nimmt. Andererseits kann die Presse nur dann ihre politischen
Funktionen ausüben, wenn sie beim Leser, aber auch allen anderen Beteiligten in

---

[4] Vgl. hierzu Vlašić (2004, S. 149).

der Demokratie ihre Glaubwürdigkeit behält, dass sie ihre Aufgaben verantwortungsbewusst durchführt, keinen Missbrauch in ihren Freiheitsrechten begeht und sich auf ethische Standards einigt. Eine Einigung von Pressevertretern, Journalisten und Verlegern auf allgemeingültige ethische Berufsstandards zur Selbstkontrolle ist das Ziel aller Medien in echten Demokratien.

4.1.4 Selbstkontrolle der Presse

Im Zeitalter der Aufklärung sind Theoretiker zu dem Schluss gekommen, dass es im Unterschied zum Absolutismus kein staatliches Monopol für die Interpretation und Darstellung der Wahrheit gebe. Vielmehr müsse dem Einzelnen ein Zugang zu vielen Meinungen, ja zu einem Meinungsmosaik gegeben werden, damit er aufgrund seiner Vernunft selbst zu einer Meinungsbildung und zu Annäherungen an die Wahrheit gelangen kann. Mit dieser u. a. von John Locke und David Hume vertretenen Ansicht veränderte sich auch das Selbstverständnis der Presse, die seit Erfindung des Buchdrucks Zensuren, Einschränkungen der Pressefreiheit hinnehmen musste. Je mehr sich aber die Demokratie etablieren konnte, umso mehr entwickelte die Presse ein liberales Selbstbild, das seine Aufgabe nicht länger darin sah, dem Staat Informationen zuzutragen. Im Zuge ihrer zuerkannten Freiheitsrechte entwickelte sich stetig das Bild einer Presse, die zum Wohl des demokratischen Gemeinwesens und damit zum Wohl des einzelnen Staatsbürgers beiträgt.

4.2 Vom Presserat zum Deutschen Presserat

Ob in Großbritannien, den Vereinigten Staaten, Schweden, Kanada, in den Niederlanden oder in der Bundesrepublik, überall fragten sich Medienvertreter in der Mitte des letzten Jahrhunderts, wie sie einen Berufsethos, einen allgemeinverbindlichen Verhaltenskodex für Journalisten etablieren könnten. Sie fragten sich ferner, wie sie gleichzeitig die äußere Pressefreiheit schützen könnten, ohne dass dieses – in den USA starke – Freiheitsrecht – 1972 unterstrichen vom Richter des Supreme Court Justice Stewart, der die Pressefreiheit als Grundvoraussetzung für aufgeklärte Entscheidungen in jeder Demokratie beurteilte[5] – die Ehre oder den Schutz der Persönlichkeit eingeschränkt oder gegen herrschende Gesetze, beispielsweise den Jugendschutz verstößt.

---

[5] Vgl. hierzu Wiedemann (1992, S. 81).

Weltweit entstanden unterschiedliche Modelle von Presseräten: allen gemeinsam ging es um die Selbstkontrolle der Presse, nicht die staatlich auferlegte Kontrolle der Medienberichterstattung, um Kontrolle des Verhaltens von Journalisten und Verlegern, um den Schutz der Presse vor Missbrauch (infolge unverhältnismäßig sensationeller, gewaltverherrlichender oder tatsachenverzerrender Berichterstattung) sowie um den Schutz der verfassungsrechtlich garantierten Freiheiten.

So war eine Grundsatzdefinition bei der Gründung sämtlicher Presseräte ausschlaggebend: Die Selbstkontrolle sollte als Institution Gestalt erlangen, ein Zusammenwirken von Journalisten und Verlegern ermöglichen und das richtige Verhältnis zwischen Staat und Gesellschaft in dem Zusammenspiel zweier Komponenten ausloten: Wahrung der Berufsethik nach innen und Verteidigung der Pressefreiheit nach außen[6].

Dennoch erfährt die Gründung des Presserates in jedem Land eine etwas andere Gewichtung und organisatorische Ausprägung. Der britische Presserat geht beispielsweise auf die Initiative des englischen Parlaments zurück, das eine königliche Pressekommission einsetzte, die die Finanzsituation, die Eigentumsverhältnisse und das Management der britischen Presse untersuchen sollte. Der am 1. Juli 1953 gegründete britische Presserat, trug seit 1963 die Bezeichnung „General Council of the Press" und bestand aus 25 Mitgliedern und acht Presseorganisationen. Er entstand unter Ausschluss der Beteiligung von Vertretern der Öffentlichkeit. Das Selbstkontrollorgan erhielt seine Bedeutung darüber, dass sich u. a. der stellvertretende BBC-Direktor John Birt 1988 öffentlich dafür einsetzte, dass die britische Presse die journalistischen Verhaltensregeln auch billigen und abdrucken müsse. Die Machtbefugnisse des Selbstkontrollorgans wurden daraufhin erweitert. Er bekam die Möglichkeit, einem Presseorgan den wörtlich abzudruckenden Text der Presseratsentscheidung sowie seine Platzierung im Publikationsorgan vorzuschreiben sowie Bußgelder bei Zuwiderhandeln gegen den Pressekodex für die betreffenden Zeitungen zu verhängen[7]. Anlass war ein unangemessener Sensationsjournalismus der Tageszeitung The Sun in der zweiten Hälfte der 80er Jahre. Der Redaktionsstil sowie zweifelhafte Methoden der Nachrichtenbeschaffung führten zu Beschwerden beim britischen Presserat. Der Presserat musste sich zunehmend mit der Missachtung der Privat- und Intimsphäre englischer Bürger sowie von Prominenten auseinandersetzen. Die britische Presse war in eine tiefgreifende Krise geraten, die in gegenwärtiger Zeit in dem Abhörskandal eine Fortsetzung findet.

Die Bedeutung der Arbeit des britischen Presserates wird in der Literatur kontrovers diskutiert. Jedoch kann die Tatsache nicht darüber hinwegtäuschen, dass der

---

[6] Wiedemann (1992, S. 20).

[7] Ibidem, S. 31.

Presserat beträchtlichen Einfluss auf die freie Berichterstattung erlangt hat, indem
er Stellung zum Urheberrecht und zu Fragen des Staats- und Ehrenschutzes nahm.
Dies alles vor dem Hintergrund, dass Großbritannien die Pressefreiheit in der Verfassung nicht garantiert.

Während der britische Presserat relativ stark ist, da er auch eine entsprechende Öffentlichkeitswirkung in seiner Spruchpraxis ausübt, ist die Situation für die
Selbstkontrolle der Presse in den USA erheblich schwieriger. Die Autonomie und
das Selbstverständnis der Printmedien sind ausgeprägter, so dass nicht von einer
generellen Akzeptanz eines Presserates und seines Beschwerdemanagements ausgegangen werden kann. Viele einflussreiche Printmedien weigerten sich gar, die
Rügen abzudrucken mit der Begründung, sie stellten einen Eingriff in die Pressefreiheit dar.

Die Hutchins Kommission schlug 1947 die Einrichtung eines ersten Presserats
vor. Vor allem auch der Verleger des Time Magazins, Henry Luce, warb für die
Gründung einer unabhängigen Kommission, die die Lage der Medien nach dem
Zweiten Weltkrieg erforschen sollte. Die Kommission, die nach ihrem Vorsitzenden Hutchins-Kommission benannt wurde, war ausschlaggebend für eine lang-
anhaltende Diskussion zur gesellschaftlichen Verantwortlichkeit der Medien in
den USA. Im Report der Kommission wurde besonders die Monopolstruktur der
US-amerikanischen Medienunternehmen angeprangert, die die Pressefreiheit gefährdete[8]. Soziale Gruppen würden zu stark in Stereotypen dargestellt; außerdem
wurde die schlechte Ausbildung der Journalisten kritisiert. Dieser Diskurs ähnelte
nach dem Zweiten Weltkrieg stark dem in anderen Ländern, die ebenso über die
Einrichtung von Presseräten diskutierten.

Der Tenor des Kommissionsreportes fand jedoch in der überwiegenden Mehrheit der amerikanischen Medienhäuser keine Resonanz. Wenige Zeitungen berichteten über den Inhalt des Reports. Und nur zwei lokale Zeitungen in Kalifornien
richteten hauseigene Presseratsgremien ein, die kurz darauf wieder aufgelöst wurden. Auch die Initiative des Herausgebers des Courier Journal und der Times in
Louisville 1963, Presseräte gleichsam als Sprachrohr zwischen Lokalzeitungen und
der örtlichen Bevölkerung auf lokaler Ebene einzurichten, scheiterte. So schien es
in den USA beinahe unmöglich, einen nationalen Medienrat zu errichten. Regionale Presseräte beherrschen bis heute das Bild der amerikanischen Medienlandschaft: wie der Minnesota Press Council, dem innerhalb des Bundesstaates ein
hohes Maß an Anerkennung gezollt wird. Dieses verdankt er der Unterstützung
des größten Zeitungsverlags von Minnesota, der Minneapolis Star and Tribune
Company. Ein weiterer regionaler Presserat ist der Honolulu Community-Media

---

[8] Vgl. hierzu Fengler (2002, S. 143).

Council, der gleichermaßen für Presse und Fernsehen im Bundesstaat Hawaii zuständig ist. Dem 31 köpfigen Gremium gehören sieben Mitglieder der Presse und des Rundfunks an.

Der Impuls zur Einrichtung eines nationalen Medienrates ging schließlich von zwei unabhängigen, amerikanischen Stiftungen aus, dem „Twentieth Century Fund" in New York und der „John and Mary Markle Foundation", die eine Kommission, eine „task force", zusammenstellten, die die Einrichtung eines oder mehrerer nationaler Presseräte zum Ziel hatte. Vor allem der Sensationsjournalismus der „yellow press" sowie die Angst vor Manipulation der öffentlichen Meinung führten zur Verabschiedung zahlreicher Vereinbarungen für journalistische Verhaltensregeln. Damit die amerikanische Presse nicht an Glaubwürdigkeit verlor, drängte die task force auf einen überregionalen unabhängigen Presserat. Durch Pressekonzentrationen sah die task force die Pressefreiheit gefährdet. Allerdings hatte sich bereits in den Gründerjahren der Vereinigten Staaten gezeigt, dass die Journalisten in jungen Siedlungsgebieten der neuen Welt, eigene Wege beschreiten wollten[9]. Damals wie heute wäre ein Abbild der Verhältnisse im ehemaligen Mutterland nicht als wünschenswert erachtet worden. Insofern drängte die task force niemals auf eine im Vergleich zum britischen Presserat adäquate Form des amerikanischen Presserates[10]. Während in Großbritannien die Presselandschaft von wenigen überregionalen Tageszeitungen beherrscht wird, zeichnet sich die amerikanische Presselandschaft durch eine Vielzahl lokaler Zeitungen (1.690 Tageszeitungen, die auf lokaler Ebene meist eine Monopolstellung haben) gegenüber wenigen überregionalen Tageszeitungen in den USA aus. Große Zeitungen wie die Washington Post reagierten auf den Vertrauensverlust der Leser nach dem Watergate Skandal, der zur Destabilisierung der Demokratie in den USA führte, mit der Einrichtung einer Stelle als Ombudsmann. Erster Ombudsmann der Post wurde Richard Harwood, der Redakteur des Blattes war[11].

Presseräte operieren in den USA verstärkt auf lokaler und regionaler Ebene und verstehen sich als Ergänzung zur Arbeit eines nationalen Presserats, der 1973 gegründet und National News Council genannt wurde. Der NNC setzte sich anfangs aus 15 Personen zusammen, die zunächst für drei Jahre ihre Arbeit aufnahmen. Er bearbeitete Beschwerden über nicht sorgfältige oder unfaire Berichterstattungsmethoden überregionaler Nachrichtenorganisationen sowie Beschwerden seitens der Medien über versuchte oder tatsächliche Einschränkungen der Pressefreiheit. Seine Kontrolltätigkeit war auf einflussreiche Medien wie die New York Times, das

---

[9] Vgl. hierzu Dovifat (1990, S. 13 ff.).

[10] Vgl. hierzu Wiedemann (1992, a. a. O., S. 68).

[11] Fengler (2002, S. 162).

Wall Street Journal, die Washington Post, die Los Angeles Times, Christian Science Monitor, drei große Nachrichtenmagazine, die beiden großen Nachrichtenagenturen sowie die Nachrichtenredaktion der drei Networks beschränkt[12]. Doch führende Medien wie die New York Times und Associated Press lehnten den NNC ab und waren auch nicht zum Abdruck seiner Entscheidungen bereit. Einzig die Columbia Journalism Review druckte regelmäßig die Spruchpraxis des NNC zwischen 1971 und 1981 ab. Wegen zu geringer Öffentlichkeitswirkung und Mangel an finanziellen Ressourcen stellte der NNC 1984 schließlich seine Arbeit ein.

4.3 Deutscher Presserat

Der deutsche Presserat konstituierte sich 1956 in Abgrenzung zu dem staatlicherseits erfolgten Versuch, autoritäre Pressestrukturen in Deutschland per Gesetz zu verankern. Ein Entwurf für ein Bundespressegesetz zur Neuordnung des zivilrechtlichen Persönlichkeits- und Ehrenschutzes von 1952, der sogenannte Lüders-Entwurf, sollte die Presse darauf verpflichten, das Ansehen der Bundesrepublik und ihrer demokratischen Grundordnung nicht zu schädigen sowie ein friedliches Zusammenleben nicht zu stören. Darüber hinaus wollte die Bundesregierung Landespresseausschüsse, die teilweise aus Staatsvertretern zusammengesetzt sein sollten, einrichten mit Disziplinarbefugnissen gegenüber der Presse.

Die Diskussion der Selbstordnung der Presse setzte vor allem nach dem Zweiten Weltkrieg ein. Doch erst der Lüders-Entwurf brachte das Vorhaben zur Reife und „bewog den Deutschen Journalisten-Verband sowie den Bundesverband Deutscher Zeitungsverleger dazu, eine eigene staatsferne Kontrollinstanz ins Leben zu rufen"[13]. Das ursprüngliche Gremium, das sich nach dem Vorbild des British Press Council konstituierte, bestand aus 10 Mitgliedern, paritätisch aus Verlegern und Journalisten zusammengesetzt. 1960 kamen noch die Deutsche Journalisten-Union in der Industriegewerkschaft Druck und Papier, später IG Medien, sowie zuvor der Bundesverband der Deutschen Zeitschriftenverleger hinzu.

In den sechziger Jahren war die Arbeit des Presserates auf die Verteidigung der äußeren Pressefreiheit und einer gegenüber Parlament und Regierung freien Berichterstattung konzentriert, die eigentlich mit der Spiegel-Affäre 1962 als wichtigstem Eckdatum für die endgültige Erlangung der äußeren Pressefreiheit in der Bundesrepublik erreicht wurde. In der Folge hatten die Presseratsmitglieder häufig mit Fragen der Pressekonzentration zu tun, die die Mitglieder aufgrund des Ein-

---

[12] Fengler (2002, S. 171).
[13] Wiedemann (1992, S. 171).

wirkens der großen Verlage schnell in eine Zerreißprobe brachten. Danach nahm der Presserat überwiegend die Funktion der Beschwerdeinstanz, die Rolle des Hüters und Wächters zur Einhaltung journalistischer Verhaltensregeln ein. Als Hauptproblem gestaltete sich die Situation, dass die großen deutschen Medien sich nicht bereit erklärten, die Rügen in Zeitungen und Zeitschriften auch abzudrucken. Hier fehlte zu Beginn der siebziger Jahre noch die durchgängige Kooperationsbereitschaft der großen Verlage. Ende der fünfziger Jahre hatte vor allem der Stern versucht, die Rügenpraxis des Deutschen Presserates gerichtlich zu Fall zu bringen. Jener hatte eine Missbilligung wegen der Verletzung der Privatsphäre ausländischer Staatsoberhäupter infolge der Berichterstattung des Stern und der Welt am Sonntag ausgesprochen. Als der Stern den Spruch über eine Unterlassungs- und Schadenersatzklage juristisch auszuhebeln beabsichtigte, entschied das Oberlandesgericht Hamburg 1959 dagegen und wies die Klage des Stern-Magazins zurück[14].

Den Vorwurf, ein zahnloser Tiger zu sein, zog sich der Deutsche Presserat im Zuge der verdeckten Recherche Günter Wallraffs in der Außenredaktion der Bild-Zeitung in Hannover zum Ende der siebziger Jahre zu. Vor allem die Journalistenvertreter des Deutschen Presserates drängten das Gremium darauf, eine grundsätzliche Stellungnahme zum Verhalten und der Arbeitsweise der Bild-Zeitung abzugeben, ein unmögliches Ansinnen. Die Vertreter der Verleger erzürnte einerseits der Alleingang der Journalisten in der Frage und die Journalistenvertreter kritisierten andererseits die Ohnmacht und Passivität des Presserates. Im Unterschied zu Großbritannien hatte der Deutsche Presserat immer auch mit einer Diskussion um seine Bedeutung und Effizienz zu kämpfen. Teilweise lag dies an der mangelnden Bereitschaft der Zeitungen, mit dem Gremium zu kooperieren. Teilweise waren die Journalisten im Gremium einfach nicht öffentlichkeitswirksam genug.

4.3.1 Aufgaben

Der Presserat besteht aus 20 Mitgliedern und wurde 1981 und 1985 neu geordnet. Die Trägerorganisationen benennen anteilig für jeweils zwei Jahre die Mitglieder des Presserates, die einerseits unabhängig und andererseits auch an die Weisungen ihres Verbandes gebunden sind. Entsprechend der ursprünglichen Satzung des Presserates gibt es vier Aufgabenbereiche:

1. Missstände im Pressewesen festzustellen und auf Beseitigung hinzuwirken
2. Beschwerden über einzelne Zeitungen, Zeitschriften oder Pressedienste zu prüfen und in begründeten Fällen Missbilligungen oder Rügen auszusprechen

---

[14] Ibidem, S. 172.

3. Empfehlungen und Richtlinien für die publizistische Arbeit zu geben
4. Für den ungehinderten Zugang zu Nachrichtenquellen einzustehen[15].

Das Plenum des Deutschen Presserates tritt alle drei Monate zusammen und entscheidet über Beschwerden, die vom Beschwerdeausschluss weitergereicht werden. Es verabschiedet Empfehlungen und Richtlinien für die publizistische Arbeit der Medien. Die Beschlüsse werden mit einer Zweidrittelmehrheit gefasst. Beschwerden gegen Publikationsorgane wie die Regenbogenpresse oder die Bunten Blätter, die sich mit dem Leben des Adels oder der Prominenten beschäftigen, bearbeitet der Deutsche Presserat sehr wohl. Lediglich bei Anzeigenblättern gibt es eine beschränkte Zuständigkeit. Diese bringt mit sich, dass der Deutsche Presserat für Anzeigenblätter nur im Redaktionsdatenschutz zuständig ist.

Bei Beschwerden wegen eines Verstoßes gegen den Pressekodex kann der Presserat eine Missbilligung sowie öffentliche oder nicht-öffentliche Rügen aussprechen. Hin und wieder werden auch Hinweise an die Redaktion erteilt. Im Unterschied zur Zeit des Wirtschaftswunders in Deutschland gibt es nun in der deutschen Medienlandschaft eine Selbstverpflichtung. Diese ist freiwillig und wurde von über 90 % der Verlage gegenüber dem Deutschen Presserat unterzeichnet. Die freiwillige Selbstverpflichtung schließt die freiwillige Rügenabdrucksverpflichtung mit ein. Allerdings muss der Rügentext nicht im Wortlaut zitiert werden.

▶ Interview mit **Ella Wassink**, Referentin beim Deutschen Presserat in Berlin.

▶ Die Gründung des Deutsche Presserates 1956 nach dem Vorbild des British Press Council ist sicherlich als eine große Errungenschaft der jungen Demokratie in Deutschland zu werten. Nach Jahren der staatlichen Zensur und Einwirkung auf die Medien und Pressefreiheit in Deutschland in der Phase der Restauration nach der Revolution von 1848, nach der Gründung des Deutschen Reiches 1871, der Weimarer Republik und der nationalsozialistischen Herrschaft gibt es nun ein staatlich unabhängiges Gremium, das Journalisten zuvor immer wieder in unterschiedlicher Form gefordert haben, welches die Qualität der Medienberichterstattung überwacht. Wie sieht sich der Deutsche Presserat in seinem Selbstverständnis?

---

[15] Ibidem, S. 180.

▶ **Ella Wassink, Deutscher Presserat** „Da habe ich eine kurze Antwort parat: Es ist ein unabhängiges Gremium, das versucht, ethische Standards in der deutschen Presse zu erhalten und gleichzeitig ein Mahner für die Pressefreiheit zu sein."

▶ Viele staunen, wenn sie von der geschichtlichen Bedeutung des Deutschen Presserates hören. Im Redaktionsalltag der Medien ist das Gremium mit seinen Normen nicht immer präsent. Wie erklären Sie sich die Tatsache, dass der Presserat in der öffentlichen Debatte keine so starke Bedeutung hat?

▶ **Ella Wassink, Deutscher Presserat** „Die Redaktionen veröffentlichen leider recht wenig über unsere Arbeit, insbesondere über die Spruchpraxis. Sie stellen ungerne Kollegen an den Pranger, wollen keine ‚Kollegenschelte' betreiben. Dadurch können unsere Sanktionsmittel nicht ihre volle Wirkung entfalten – jedenfalls nicht nach außen. Würde mehr über die Rügen und die z. T. unterschiedlichen Auffassungen bei einigen Themen berichtet, könnte es auch eine größere öffentliche Debatte geben über das, was Presse soll und kann und über seine Grenzen. Leider berichten die Redaktionen auch selten über eigene Fehler oder über die Hinweise und Missbilligungen, die wir aussprechen. Fehler sind menschlich, sie werden auch vom Leser verziehen. Und die Sanktionen des Presserats sind eine Meinung von Kollegen (Journalisten und Verlegern) zu einem Fall. Ist der eigene Chefredakteur anderer Meinung, kann er dies seinen Lesern ja zusätzlich zu dem Ergebnis des Presserats mitteilen. So würde den Lesern gegenüber eine Transparenz hergestellt, durch die sie sich selber eine Meinung bilden können. Ich kann mir vorstellen, dass dies sogar die Leser-Blatt-Bindung stärken kann: Denn Leser wissen es durchaus zu schätzen, wenn man sie ernst nimmt."

▶ Aber wenn sich der Presserat in seinem übergeordneten Sinn auch als Selbstkontrollorgan versteht, müsste man in den Medien doch eigentlich auch eine Debatte über Medienqualität finden?

▶ **Ella Wassink, Deutscher Presserat** „Die deutsche Presse schreibt und spricht wenig über eigene Standards, über Missstände oder Fehler. Es gibt zwar immer mehr Korrektur-Spalten in den Medien, so sieht man z. B. seit einigen Jahren auch im Spiegel, dass hin und wieder etwas korrigiert wird. Dies wird in den angelsächsischen Ländern jedoch sehr viel ausgefeilter gehandhabt. Wenn aber eine Redaktion zugibt, dass sie einen Fehler gemacht hat, kann sie dadurch eine Nähe zum Leser aufbauen und für Transparenz sorgen. Es gibt immer wieder auch Rügen-Veröffentlichungen, bei denen der Chefredakteur klar machte: ‚Der Presserat hat uns für dies und jenes gerügt. Das sind seine Gründe. Und hier sind meine Gründe, weshalb ich als Chefredakteur das bei der Veröffentlichung trotzdem so gehandhabt habe'. Dann kann sich jeder Leser selbst ein Bild machen, wer die besseren Argumente hat. Es fehlt in der deutschen Medienlandschaft vielleicht ein wenig an Bereitwilligkeit, sich über eigene Standards zu unterhalten."

▶   Wie läuft ein Beschwerdeverfahren ab und unter welchen Bedingungen spricht der Deutsche Presserat die härteste Sanktionsform, die Rüge, aus?

▶   **Ella Wassink, Deutscher Presserat** „Beim Presserat kann sich jeder Leser kostenlos beschweren. Wir bearbeiten allerdings nur Beschwerden über Printmedien und die journalistisch redaktionellen Texte, die im Internet von Verlagen veröffentlicht werden. T-Online.de hat beispielsweise auch eine Nachrichtenseite, aber dahinter steht kein Print-Verlag. In dem Fall sind wir zurzeit noch nicht zuständig.
Bei eingereichten Beschwerden gibt es ein zweigliedriges Verfahren: eine Vorprüfung, bei der sich mindestens zwei Mitarbeiter des Deutschen Presserates, eine Person aus der Geschäftsstelle und einer der Vorsitzenden der Beschwerdeausschüsse, die Beschwerde ansehen. Wird die Beschwerde von beiden als unbegründet angesehen, wird sie abgelehnt. Ist auch nur einer der zwei Mitarbeiter der Auffassung, dass ein Verstoß gegen den Kodex vorliegen könnte, geht sie in den Beschwerdeausschuss. Dazu wird dann auch noch eine Stellungnahme vom Chefredakteur angefordert. Der Presserat kann bei einem schlimmen Verstoß gegen den Kodex maximal eine öffentliche Rüge aussprechen. Diese sollte von dem Medium dann selbst veröffentlicht werden und auch wir veröffentlichen eine Pressemitteilung, in der die gerügten Organe genannt werden. So können dann auch andere Medien darüber berichten."

▶   Wie ist hierbei die Kooperationsbereitschaft der Redaktionen?

▶   **Ella Wassink, Deutscher Presserat** „Das ist sehr unterschiedlich – insgesamt aber als gut zu bewerten. Die Beschwerden gehen immer auch an die Redaktionen, bevor sie im Ausschuss behandelt werden. Das heißt, die Chefredaktion hat immer die Möglichkeit und wird auch darum gebeten, eine Stellungnahme abzugeben. Und das geschieht auch in fast allen Fällen. Einzig die Titanic, das Satiremagazin, weigert sich, Stellungnahmen abzugeben, weil sie der Auffassung ist, dass Satire alles darf. Da sind wir allerdings immer mal wieder anderer Meinung. Ansonsten gibt es eine hohe Bereitschaft zu kooperieren. Über 90 % der deutschen Verlage haben die Freiwillige Selbstverpflichtungserklärung des Presserats unterschrieben. Sie erkennen darin den Pressekodex an und verpflichten sich, öffentliche Rügen des Presserats auch abzudrucken. Die großen Verlage (Spiegel, Gruner+Jahr, Springer, WAZ, Burda etc.) sind bis auf den Bauer-Verlag alle dabei. Und mit dem Bauer-Verlag gibt es aktuell Gespräche, so dass wir hoffen, dass auch er in nächster Zeit unterschreiben wird."

▶ Sie prüfen als nicht-staatliche Institution die Qualität der Medienberichterstattung. Sie sind ein Gremium, das sich Ende der fünfziger Jahre zur einen Hälfte aus Medienunternehmern und zur anderen Hälfte aus Journalisten zusammengesetzt hat. Warum ist es so wichtig, dass der Staat keinen Zugriff auf das Gremium hat?

▶ **Ella Wassink, Deutscher Presserat** „Wichtig ist, dass der Staat zum einen auf uns – den Presserat – keinen Zugriff hat, zum anderen aber auch vor allem nicht auf die Redaktionen. Die Erfahrungen im Nationalsozialismus haben gezeigt, dass Demokratie nur bei einer freien Presse funktionieren kann. Und freie Presse bedeutet eben eine staatsferne Presse. Eine Presse, die nicht vom Staat kontrolliert wird. Der Staat kann nicht die ‚Vierte Gewalt' – als die die Presse häufig bezeichnet wird – kontrollieren, die wiederum u. a. dazu da ist, ihn zu kontrollieren. Dass es trotzdem manchmal zu Fehlentwicklungen im Journalismus kommt oder zu einfachen Fehlern in der Berichterstattung, ist ganz klar. Schwarze Schafe gibt es in jeder Organisation. Aber das muss nicht der Staat sanktionieren – das können die Beteiligten, das sind Journalisten und Verleger, selbst."

▶ Der Deutsche Presserat ist ein binäres Gremium aus Medienunternehmen und Journalisten. Beide Gruppen vertreten konträre Interessen. Verlegern geht es um Auflage und Absatz, den Journalisten um die Qualität der Berichte. Ist ein Medienunternehmen mächtig wie beispielsweise der Axel-Springer-Konzern, kann es dann nicht mit seinem Sitz im Presserat die Spruchpraxis lahmlegen?

▶   **Ella Wassink, Deutscher Presserat** „Nein, das kann nicht passieren. Wenn wir Beschwerden verhandeln und jemand aus dem Verlag (als Journalist oder Verleger) ist im Raum, dann muss er/sie rausgehen und darf weder mit diskutieren noch abstimmen. Bei einer Beschwerde gegen den Spiegel also musste z. B. Herr von Bismarck (bisheriges Mitglied des Spiegel-Verlags beim Presserat, zukünftig Katharina Borchert) immer rausgehen und wurde erst wieder hereingerufen, nachdem das Ergebnis feststand. Unterschiedliche Interessen treten vor allem bei Tarifstreitigkeiten auf. Damit hat der Presserat jedoch nichts zu tun. Ich bin als Referentin seit Jahren in den Beschwerdeausschüssen zugegen und die Diskussion dort bezieht sich immer auf den jeweiligen Fall und die Auslegung des Kodex. Dabei ist es unerheblich, ob auf der einen Seite Verleger und auf der anderen Seite Journalisten sitzen. Die Gruppen bekämpfen sich nicht. Es geht vielmehr um die Auslegung des Kodex im jeweiligen Fall. Im Übrigen sind die Interessen an einer Stelle auch durchaus identisch: sowohl Verleger als auch Journalisten wollen ein Qualitätsprodukt herstellen."

▶   Aus welchem Gedanken heraus ist denn der Kodex des Deutschen Presserates damals entstanden? Wer hat den Kodex aufgestellt?

▶   **Ella Wassink, Deutscher Presserat** „Der Pressekodex ist vom Presserat selbst aufgestellt worden und ist 1973 in der jetzigen Form entstanden. Man hat von der Gründung 1956 bis 1973 auch Fälle bearbeitet, hat jedoch Einzel-Entscheidungen getroffen. Diese sind aber nicht anhand eines Regelwerks entschieden worden, sondern anhand der vorherrschenden Moralvorstellung. Am Anfang gab es keine Leitlinien oder ähnliches, an dem man sich hätte orientieren können. Anfang der siebziger Jahre kam die Idee auf, dass man ein Regelwerk erstellt, um den Journalisten und Verlegern etwas an die Hand zu geben, woran sie sich halten können und das ihnen ein Leitbild gibt."

▶   In der Literatur wird häufig der Satz zitiert, der Presserat sei „ein zahnloser Tiger"? Wenn er aber keine juristischen Sanktionsmöglichkeiten hat, was kann er dann Ihrer Meinung nach bewirken?

▶ **Ella Wassink, Deutscher Presserat** „Wir hören diesen Satz immer wieder. Mit ihm scheinen wir leben zu müssen. Der Eindruck einer vermeintlichen Zahnlosigkeit entsteht, weil u. a. zu wenig über uns, über einzelne Fälle berichtet wird. Dadurch entsteht keine Diskussion und Öffentlichkeit. Ich wünschte mir eine lebhaftere Diskussion in den Medien über die Medien. Dadurch könnte man auch etwas für die so häufig geforderte Medienkompetenz der Leser, Zuschauer und Hörer erreichen. Sie nähmen nämlich teil an einer solchen medienethischen Debatte. Zudem will der Presserat ja auch vor allem nach innen – in die Redaktionen hinein wirken. Das wird von der Öffentlichkeit aber auch von der Wissenschaft häufig nicht bedacht. Wichtig ist uns, dass eine Redaktion über die jeweilige Beschwerde spricht, die sich gegen ihr Haus richtet. Eine inner-redaktionelle Diskussion über das, was man gemacht hat, über die ethischen Regeln, die eventuell dagegen sprechen, das ist wichtig. Journalisten müssen sich nun mal tagtäglich bei ihrer Arbeit klar machen, was ihre Texte für Auswirkungen haben können."

▶ Wo hat der Presserat konkret Einfluss, wenn beispielsweise unverhältnismäßig sensationell berichtet wird? Wie können sie die Qualität der Berichterstattung überwachen und Medien dazu bringen, Rügen auch abzudrucken?

▶ **Ella Wassink, Deutscher Presserat** „Zum einen werden wir nur auf Beschwerden hin aktiv. Wir ‚überwachen' die Medien nicht – dazu ist die Medienlandschaft in Deutschland viel zu groß. Wenn Beschwerden vorliegen, z. B. in unangemessener Art und Weise über den Tod eines Diktators berichtet wird, behandeln wir diese Beschwerden und können maximal eine öffentliche Rüge aussprechen, in der Hoffnung, dass dies wahrgenommen und in der Öffentlichkeit diskutiert wird. Alle Verlage in Deutschland werden zudem angeschrieben und um Unterschrift unter die Freiwillige Selbstverpflichtungserklärung gebeten. Das wird in regelmäßigen Abständen ca. alle zehn Jahre wiederholt, je nachdem, wie sich die Medienlandschaft verändert. Über 90 % der Verlage haben unterschrieben, dass sie sich an den Kodex halten wollen und dass sie eine Rüge auch abdrucken, wenn sie eine erhalten."

▶ Welche jüngsten Beispiele für Konflikte zwischen Medien und dem Presserat gibt es und wie wurden sie gelöst?

▶ **Ella Wassink, Deutscher Presserat** „Wir haben aktuell über fünfzig Beschwerden vorliegen anlässlich der Berichterstattung über den Tod von Gaddafi in Libyen. Insbesondere die Fotos und Videos des schwerverletzten und später toten Gaddafi, führten zu Beschwerden. Die Leser kritisieren, dass diese Art der Berichterstattung gegen die Menschenwürde verstößt und unangemessen sensationell ist. Es liegt in ihren Augen ein Verstoß gegen Art. 11 des Pressekodex vor, da Gaddafi mit den großen Wunden und blutend gezeigt werde. Viele Eltern haben uns auch angerufen oder angeschrieben. Sie beschweren sich darüber, dass derartig blutige Fotos in großer Aufmachung in Bildkästen oder beim Bäcker ihre Kinder irritierten."

▶ Wie gehen Sie jetzt in dem Fall vor?

▶ **Ella Wassink, Deutscher Presserat** „Wir haben wie gesagt gut 50 Beschwerden. Die meisten richten sich gegen Bild und Bild online – aber es gibt auch andere Medien, gegen die Beschwerden vorliegen. Wir werden die Beschwerden erst einmal vorprüfen. Dann wird ggf. die jeweilige Chefredaktion um Stellungnahme gebeten und anschließend entscheiden die Beschwerdeausschüsse, ob ein Verstoß gegen den Pressekodex vorliegt oder nicht."

▶ Wird es auch zur Geldstrafe kommen?

▶ **Ella Wassink, Deutscher Presserat** „Wir können keine Geldstrafen verhängen. Ich komme gerade von einem europäischen Presseratstreffen in Moskau zurück. Wir sind ein loser Verband europäischer Presseräte und treffen uns einmal im Jahr. Es gibt nur ein Land, in dem es kleinere Geldstrafen gibt, das ist Schweden. Es ist aus unserer Sicht aber schwierig, wenn ein Presserat für eine Rüge Geld bekommt, – in Schweden ist es eine kleine Summe von 2 bis 3.000 € – denn so kann der Eindruck entstehen, dass der Presserat möglichst viel rügt, um an mehr Geld zu kommen. Zudem wären größere Summen für große Verlage kein Problem, dafür aber für die kleineren Verlage. Wir wollen die Medienvielfalt durch solche Hürden nicht einschränken. Usus ist dies in Ländern, in denen keine Pressefreiheit herrscht. Hier können Richter einen Verlag mit harten Sanktionen und großen Geldstrafen zum Bankrott bringen. Das ist nicht Sinn und Zweck der freiwilligen Selbstkontrolle. Der Presserat ist kein Gericht, sondern hier sitzen Kollegen – Journalisten und Verleger – die ihren Kollegen Ratschläge für guten Journalismus geben."

4.4 Deutsche Massenmedien: Vierte Kraft im System?

In den Anfängen der Lizenzpresse 1945 waren die deutschen Medien noch nicht in der Lage, die Rolle der Vierten Kraft auszuüben. Das von den Alliierten etablierte Lizensierungssystem verpflichtete die Herausgeber von Presseerzeugnissen zu einer besonderen Genehmigung. Presseunternehmer und Redakteure verfügten weder über unternehmerische und redaktionelle Souveränität noch konnten sie sich auf das Freiheitsrecht der äußeren Pressefreiheit in dem zerstörten Deutschland nach dem Zweiten Weltkrieg de facto berufen. Vor allem die ersten Ausgaben des Nachrichtenmagazins der Spiegel wurden von den britischen Alliierten zensiert, um kritische, wertende Nuancen des Nachrichtenjournalismus in eine für in angelsächsischen Ländern übliche objektive Berichterstattung abzuwandeln, die streng zwischen Nachricht und Meinung trennt. Bekannte Vorbilder erfolgreicher britischer und US-amerikanischer Medien standen Pate bei Konzept und Gründung des jeweiligen Mediums: bei der Zeit war es der British Observer. Beim Spiegel die Newsweek und das Time Magazine.

Auch der rechtliche Rahmen des deutschen Mediensystems stand noch auf wackeligen Beinen, der die Rechte und Pflichten der Presse regelt. Die neu errichteten Bundesländer erließen zwar zwischen 1948 und 1949 erste Landespressegesetze, die das noch geltende Reichspressegesetz von 1874[16] in den meisten Ländern ersetzte. Diese enthielten aber noch nicht alle Regelungen der heutigen Pressegesetze wie beispielsweise das Auskunftsrecht bei Behörden. Mit der Gründung der Bundesrepublik Ende Mai 1949 und der Annahme des vom Heerenchiemsee Konvent verfassten Grundgesetzes nahmen die Pressegesetze Gestalt an, in denen nun auch Bund- und Länderhoheiten festgeschrieben wurden. Das Lizenzgenehmigungssystem war im Lichte der demokratischen staatlichen Neugründung nicht mehr haltbar. Im Zuge der Vereinheitlichung der Pressegesetze auf Länderebene wurde der Presse die Aufgabe für das Gemeinwesen zugeschrieben, wahrhaftig zu berichten. Um dieser Verantwortung gerecht zu werden, wurden dem verantwortlichen Redakteur Pflichten erteilt, wozu u. a. das Recht auf Gegendarstellung gehört.

Im Oktober 1962 hat der stellvertretende Spiegel-Chefredakteur Conrad Ahlers aus Anlass des Nato-Sondermanövers „Fallex", das einen möglichen Dritten Weltkrieg durchspielte, einen Artikel über die Schwächen der Abwehr der Bundesrepublik bei einem Nuklearschlag der UDSSR verfasst. Im Falle eines Angriffs auf

---

[16] Vgl. hierzu Papier und Möller (1999, S. 450).

Europa mit Atom- und Wasserstoffbomben, sollte die Nato mit einem Gegenschlag den Divisionen der roten Armee Einhalt gebieten. Das Manöver sollte die militärische Bereitschaft der Nato-Truppen, die Abwehrfähigkeit der Führungsstäbe sowie die Notstandsplanung für die Bevölkerung unter Beweis stellen. Die Bundeswehr konnte jedoch diese Anforderungen nicht erfüllen[17]. Die Informationen hatte Ahlers aus zahlreichen Interviews mit dem Generaloberst Manfred Martin erhalten. Martin hatte die Funktionsfähigkeit der Bundeswehr beim Nato-Manöver als „bedingt abwehrbereit" eingestuft. Daraus entstand die gleichnamige Titelgeschichte „Bedingt abwehrbereit", die am 8. Oktober im Spiegel veröffentlicht wurde.

Der damalige Verteidigungsminister Franz Josef Strauß war zum Zeitpunkt der Veröffentlichung des Artikels im Urlaub und sah im Spiegel-Bericht nach seiner Rückkehr einen deutlichen Hinweis auf Landesverrat. Er unterbreitete seinen Verdacht auf Geheimnisoffenlegung militärischer Details dem damaligen Bundeskanzler Konrad Adenauer, der dessen Urteil teilte. Ende Oktober besetzten Anwälte und ein Richter des Bundeskriminalamts das Pressehaus in einer Nacht- und Nebelaktion und beschlagnahmten Ordner, Bildmaterial, Bücher, die in der Bibliothek, der Kulturredaktion und der Buchhaltung des Verlagshauses aufgehoben wurden. Aufgrund der wochenlangen Besetzung der Arbeitsräume hätte der Spiegel nicht mehr erscheinen können, wenn nicht andere Redaktionen (u. a. auch das Springer-Haus) solidarisch ihre Redaktionsräume für die Arbeit der Spiegelredakteure zur Verfügung gestellt hätten. Kurz nach Erscheinen des kritischen Berichts wurde der Spiegel-Herausgeber Rudolf Augstein in Haft genommen[18]. Die Untersuchung des von Adenauer so titulierten publizistischen Landesverrats führte zu einer Zerreißprobe zwischen Regierung und Opposition, da sich der Verteidigungsminister wie auch der Bundeskanzler bei der Offenlegung der Sachlage in Widersprüche verstrickten. Auf die einen Tag nach Erscheinen des Artikels erstattete Anzeige gegen das Verlagshaus reagierte der Bundesgerichtshof jedoch ablehnend und verzichtete auf die Eröffnung eines Hauptverfahrens.

Die Spiegel-Affäre hatte weitreichende politische Folgen für die Bundesrepublik: sie kündete einerseits das Ende der Ära Adenauers an, der danach kein weiteres Mal als Kanzlerkandidat der CDU antrat und zwang Franz-Josef Strauß, von seinem Amt als Verteidigungsminister zurückzutreten. Ergebnis der Affäre war zudem, dass sich die Medien bei der Berichterstattung auf das verfassungsrechtlich garantierte Recht der Pressefreiheit auf allen ministeriellen Politikebenen, auch in der Verteidigungspolitik öffentlich berufen durften. Ein Schutz bot nämlich ab 1968 das 8. Strafänderungsgesetz, welches das Risiko einer Verurteilung wegen

---

[17] Vgl. hierzu zu den Einzelheiten des Nato-Manövers und der Spiegel-Affäre auch Schröder (2004, S. 109) sowie Köhler (2002, S. 133 ff.).
[18] Vgl. die Details der Spiegel-Affäre bei Baukloh und Wittmaack (2003, S. 24–33).

Landesverrats erheblich minderte. Die Ausnahme bildet: wer „ein Staatsgeheimnis, das von einer amtlichen Stelle oder deren Veranlassung geheim gehalten wird, an einen Unbefugten gelangen lässt oder öffentlich bekannt macht und dadurch die Gefahr eines schweren Nachteils für die äußere Sicherheit der Bundesrepublik Deutschland herbeiführt"[19], macht sich schuldig.

Die Spiegelaffäre führte letztlich dazu, dass die Printmedien ähnlich wie in den USA mit den Regierenden in Parlament und Regierung mit Beginn der sechziger Jahre auf Augenhöhe treten und ihre Kontrollrechte vollends wahrnehmen konnten. Die Medien hatten damit ihre Position als Vierte Kraft im System erlangt.

Jedoch können Medien nur dann gestärkt die Aufgabe der Vierten Kraft, die des Wächters und Hüters in der Demokratie erfüllen, wenn sie nicht gegen die allgemeinen Gesetze verstoßen. Der verfassungsrechtlich zugesicherte Platz der Pressefreiheit als eines der fünf wichtigsten Grundrechte in der Verfassung hat keine unumschränkte Gültigkeit. Die Berufung der Presse auf das Recht der Pressefreiheit verliert dann ihre Rechtmäßigkeit, wenn sie Persönlichkeitsrechte in der Berichterstattung verletzt, beleidigt, sittenwidrige Schädigungen zufügt oder Persönlichkeitsschutzrechte antastet. Hier hat der Gesetzgeber Schranken gesetzt. Im Fall der Beleidigung wird Art. 185 Strafgesetzbuch – StGB wirksam. Daneben können zivilrechtliche Ansprüche sowie der allgemeine Abwehr- und Unterlassungsanspruch für Geschädigte geltend gemacht werden[20]. Der rechtliche Spielraum der allgemeinen Gesetze ist aber so weit gefasst, dass diese nicht auf jeden Einzelfall zugeschnitten sind. Deshalb hat das Bundesverfassungsgericht den Zivil- und Strafgerichten strenge Vorschriften bei der Einzelfallabwägung, ob die schriftliche Äußerung in der Presse gegen die Menschenwürde verstößt, an die Hand gegeben. Dieser Grundkonflikt muss stets neu abgewogen werden.

Die Gerichte müssen in der Rechtsprechung darüber hinaus zwischen unwahrer oder Tatsachen verfälschender Berichterstattung und Meinungsäußerung unterscheiden. Um vor dem Bundesverfassungsgericht bestehen zu können, müssen sie höchste Vorsicht walten lassen bei Streitfällen, die auf dem Recht der Meinungsäußerung und Pressefreiheit gründen. Die Unterstellung falscher Aussagen in Zitaten oder das freie Erfinden von Interviews fallen hierbei eindeutig nicht unter den Schutz der Meinungsäußerung. Dies ist auch der Fall, wenn die Menschenwürde nicht geachtet wird oder mit der Meinung eine Schmähung oder Diffamierung geäußert wird. Werturteile fallen hingegen in den Bereich der Meinungsfreiheit.

---

[19] Vgl. Baukloh und Wittmaack (2003, S. 26).
[20] Papier und Möller (1999, S. 455).

Medienwirkung

5

Die Medienwirkungsforschung[1] setzt sich mit der Frage auseinander, wie die Botschaften und Inhalte der Medien beim Rezipienten ankommen. Die individuelle Rezeption der Medien objektiv zu messen, ist jedoch schwierig. Dennoch ist sich die Forschung inzwischen in dem Punkt einig, dass seit Beginn einschlägiger Studien (40er und 50er Jahre des letzten Jahrhunderts) inzwischen breit gefächerte Theorien, Methoden und empirische Ergebnisse vorliegen[2]. Allerdings ist von einer nicht erfassbaren Grauzone bei der Messung und Erforschung der Medienwirkung auszugehen. Theorien haben bisher eher eine mittelfristige, keine zeitlich universelle Bedeutung erlangt und können nie ohne Einschränkungen postuliert werden. Selten werden alle Menschen mit den Theorien, Methoden und Ergebnissen erreicht. Und nicht immer berücksichtigt die facettenreiche Medienwirkungsforschung[3] die Weiterentwicklung der Medien selbst.

5.1 Wie wird Medienwirkung untersucht?

Die Menschen sind psychologisch, charakterlich wie vom sozialen Verhalten individuell völlig verschieden. Diese Tatsache erschwert es, Menschen in Gruppen einzuteilen, um eine quantifizierbare Menge an Interviewten aus der Gesamtheit der Gesellschaft zu extrapolieren. Dennoch wird in der Medienwirkungsforschung mit unterschiedlichen Modellen eine Quantifizierbarkeit z. B. der öffentlichen Meinung angestrebt.

---

[1] Vgl. hierzu das Standardwerk zum Thema Bonfadelli (2004a) sowie Bonfadelli (2004b).

[2] Burkart (2004, S. 341–357).

[3] Einen umfassenden Überblick über die Bandbreite der Medienwirkungsforschung gibt Jäckel (2008).

C. Hangen, *Grundlagenwissen Medien für Journalisten*,   121
DOI 10.1007/978-3-531-19017-4_5,
© VS Verlag für Sozialwissenschaften | Springer Fachmedien Wiesbaden 2012

Eine Möglichkeit hierbei ist die Unterscheidung nach diversen Wirkungsberei-
chen: im ersten Schritt die Untersuchung der Fragen, ob eine Wirkung der Medien
im Verhalten, in kommunikativen, kognitiven oder emotionalen Äußerungen der
Rezipienten zu beobachten ist. Im zweiten Schritt die Analyse der Wirkungspha-
sen: die Frage, ob eine Wirkung 1) vor Empfang einer Medienaussage (präkommu-
nikativ), 2) parallel zum Aufnehmen einer Aussage im Radio, Fernsehen oder in
der Zeitung (kommunikativ) oder 3) nach Empfang der Aussage (postkommuni-
kativ) auftritt. Zuletzt können auch kurz- und langfristige Wirkungen voneinander
unterschieden werden[4].

Um Meinungen, vor allem Wahlabsichten zu messen sowie die Faktoren, die
diese beeinflussen, war das Opinion-Leading und Opinion-Sharing-Konzept des
österreichischen Begründers der empirischen Sozialforschung Paul Felix Lazars-
feld lange Zeit in der Medienwirkungsforschung richtungsweisend. Sein Konzept
der Meinungsführer, die ihre Informationen (beispielsweise über Kandidaten von
Parteien vor Wahlen) über Medien beziehen und diese an andere weitergeben und
so die Meinung weniger Informierter beeinflussen, das Lazersfeld nach seiner Emi-
gration in die USA in den 40er Jahren entwickelt hatte, beeinflusste auch die Theorie der Schweigespirale Elisabeth Noelle-Neumanns, das in diesem Kapitel exemplarisch Darstellung finden soll.

5.2   Die Schweigespirale Elisabeth Noelle-Neumanns

Über Jahrzehnte hat die Publizistikwissenschaftlerin Elisabeth Noelle-Neumann
die Öffentliche Meinung erforscht. Dabei machte sie die Erfahrung, dass die Öffentliche Meinung im eigentlichen Sinne nicht objektiv erforscht werden kann, da
es Mechanismen gibt, die diese von vornherein beeinflussen. Noelle-Neumann
erkannte, dass dem Bild des aufgeklärten und mündigen Bürgers die soziale Natur des Menschen gegenübersteht. Bei der Untersuchung der Funktionsweise der
Öffentlichen Meinung muss berücksichtigt werden, dass Menschen nicht frei ihre
Meinung in der Öffentlichkeit artikulieren, aus Angst vor Isolation oder davor, mit
der Meinung allein zu stehen. „Pausenlos beobachtet das Individuum in der Öffentlichkeit seine Umwelt, um zu erkennen, mit welchen Aussagen, mit welchem
Verhalten man sich isoliert, was man sagen muss, sagen darf (…) was die Mode ist,
was in oder out ist (…)"[5]. Noelle-Neumann leitete ihre Theorie über die soziale
Natur des Menschen, die den Einzelnen bei der Meinungsäußerung in der Öffent-

---

[4] Burkart (2004, A. a. O., S. 343).
[5] Noelle-Neumann (1996, S. VI).

lichkeit dazu drängt, die eigene Meinung automatisch mit der der Meinungsmehr-
heit zu überprüfen und gegebenenfalls im Falle der Zugehörigkeit zur Minderheit
an die Mehrheit anzupassen, auch aus den Studien der holländischen Psychologin
Florence J. van Zuuren ab. Über Selbstversuche fand Zuuren heraus, dass, wenn
man vorsätzlich die Regeln des gebilligten Verhaltens in der Öffentlichkeit bricht,
ein Gefühl der Peinlichkeit bei sich und anderen auftritt[6]. Durch diesen Konformi-
tätsdruck entsteht eine Schweigespirale.

5.2.1 Wie wirkt die Schweigespirale?

Aus einem vitalen Konsenbedürfnis heraus sowie aus Furcht vor schlechter Repu-
tation behauptet Noelle-Neumann, verschweigen Menschen ihre Meinung dann,
wenn sie annehmen, dass die Mehrheit eine andere Meinung vertritt. Personen jedoch, die sich im Einklang mit der Mehrheitsmeinung glauben, äußern diese spon-
tan öffentlich[7]. Noelle-Neumann hat die Theorie der Schweigespirale 1980 erstmals
veröffentlicht, kurz bevor sie eine Gastprofessur für politische Wissenschaften an
der Universität Chicago antrat. Dabei erforschte sie das Konzept der Öffentlichen
Meinung John Lockes und erkannte, dass die Anpassung an den Geschmack, das
moralische Urteil der Mehrheit für den Bestand und Erhalt der sozialen Gemeinschaft wesentlich ist. Noelle-Neumann entwickelte daraufhin das Konzept des Mei-
nungsklimadrucks[8], bzw. des zu- und abnehmenden Meinungsklimas. Hierbei entscheiden Reden und Schweigen über das Meinungsklima. Das legt die Annahme
zugrunde, dass die Öffentliche Meinung, das jeweils vorherrschende Meinungsklima, die wirklichen Kräfte– und Stärkeverhältnisse in der Gesellschaft überschattet.

Noelle-Neumann entdeckte das Prinzip der Schweigespirale im Zuge der Wahl-
kämpfe der Bundestagswahlen 1965 und 1972. Diese hatte sie mit Hilfe repräsen-
tativer Meinungsumfragen des Deutschen Instituts für Demokopie Allensbach,
dessen Gründerin sie ist, ausgewertet und interpretiert. Dabei hatte sie zunächst
vor allem 1965 ein Doppelklima entdeckt, also die Tatsache, dass die Wähler die
CDU/CSU sowie SPD gleichermaßen favorisierten und so in den Vorumfragen ein
Kopf-an-Kopf-Rennen der großen Parteien stattfand. Welche Partei letztlich, kurz
vor den Wahlen im Meinungstrend vorne lag, diese machte schließlich das Rennen
bei der Wahl. Das sind nach Ansicht Noelle-Neumanns rund 4 bis 5 % der Bevölkerung, die aus Angst vor Isolation oder Konfrontation sich dem herrschenden

---

[6] Noelle-Neumann (1996, S. VI, a. a. O.).

[7] Burkart (2004, S. 353, a. a. O.).

[8] Vgl. hierzu Noelle-Neumann und Petersen (2005, S. 294 ff., 571 ff.).

Meinungsklima entgegen der eigenen Überzeugung anschließen. Sie nannte dies den Mitläufereffekt[9].

Noelle-Neumanns Theorie der Schweigespirale traf vor allem auch auf den Wahlsieg der SPD 1976 zu, als sie dabei dem Fernsehen eine Beeinflussung des Meinungsklimas kurz vor den Wahlen zusprach. Auf die Frage hin, „(…) was glauben sie, wer die kommende Bundestagswahl gewinnt, wer die meisten Stimmen bekommt: die CDU/CSU oder die SPD/FDP?"[10], trat nach der Auswertung der Umfrage eine erhebliche Verschlechterung des Meinungsklimas für die CDU/CSU ein. Während die beiden Parteien mit 20 % auseinanderlagen, verringerte sich dieser Vorsprung der CDU/CSU um nur noch sieben Prozent und schlug schließlich in den Wahlsieg der Linkskoalition um. Diesen Meinungsumschwung haben nach Ansicht Noelle-Neumanns vor allem die Fernsehzuschauer bewirkt, die dieses neue Meinungsklima überhaupt bemerkt hatten. Dabei hatte die Meinung der Journalisten in der Meinungsbildung der Zuschauer eine erhebliche Bedeutung, da diese der CDU/CSU bereits vor den Wahlen keine Chance auf Wahlgewinn eingeräumt hatten. In der Realität der Umfragen jedoch waren beide Parteien vor den Wahlen gleich stark gewesen. Ausschlaggebend für den Sieg der SPD waren unter 38 Mio. Wähler 350.000 Personen, die sich kurzfristig für das linke Lager entschieden hatten. Der Haupteinfluss für diesen Wahlausgang war die politische Meinung der Journalisten, die auf die Frage, wer die Wahl gewinne, nicht neutral mit der Antwort, das sei völlig offen, reagierten, sondern zu 70 % den Wahlsieg der SPD-FDP-Koalition vorausgesagt hatten[11].

5.3   Kritik und Kritiker der Schweigespirale

Die Theorie der Schweigespirale Noelle-Neumanns rief viel Kritik auf den Plan. So wurde einerseits ihre anthropologische Grundannahme stark angezweifelt, die Menschen würden von ihrer Meinung abfallen, wenn sie sich in der Minderheit wähnten. Andererseits wurde diese Schicht der Angepassten von 3 bis 4 % der Bevölkerung als zu gering erachtet, als dass sie eine solche Wirkung auf das Meinungsklima haben könnte.

---

[9] Noelle-Neumann (1996, S. 16 ff.).

[10] Ibidem, S. 228.

[11] Ibidem, S. 233–234.

Wissenschaftler führten zudem neue Aspekte für die Bereitschaft, über die eigene politische Meinung zu sprechen, mit ins Spiel, wie Betroffenheit vom Thema oder die Intensität der Mediennutzung u. ä[12].

Auch die dem Fernsehen zugesprochene Macht wurde zum einen von Seiten der Leitungsgremien des Fernsehens angezweifelt und kontrovers diskutiert. So wurde der Theoretikerin auch vorgeworfen, keine Inhaltsanalyse der Fernsehberichterstattung im Zuge der Bundestagswahl 1976 durchgeführt zu haben. Die von Noelle-Neumann durchgeführte Journalistenbefragung sei zum anderen als Beweis zur Untermauerung der These der Beeinflussung des Meinungsklimas besonders durch das Fernsehen zu wenig aussagekräftig[13].

---

[12] Bonfadelli (2004, S. 159, a. a. O.).
[13] Bonfadelli (2004, S. 160).

Anhang

Präambel

Die im Grundgesetz der Bundesrepublik verbürgte Pressefreiheit schließt die Unabhängigkeit und Freiheit der Information, der Meinungsäußerung und der Kritik ein. Verleger, Herausgeber und Journalisten müssen sich bei ihrer Arbeit der Verantwortung gegenüber der Öffentlichkeit und ihrer Verpflichtung für das Ansehen der Presse bewusst sein. Sie nehmen ihre publizistische Aufgabe fair, nach bestem Wissen und Gewissen, unbeeinflusst von persönlichen Interessen und sachfremden Beweggründen wahr.

Die publizistischen Grundsätze konkretisieren die Berufsethik der Presse. Sie umfasst die Pflicht, im Rahmen der Verfassung und der verfassungskonformen Gesetze das Ansehen der Presse zu wahren und für die Freiheit der Presse einzustehen.

Die Regelungen zum Redaktionsdatenschutz gelten für die Presse, soweit sie personenbezogene Daten zu journalistisch-redaktionellen Zwecken erhebt, verarbeitet oder nutzt. Von der Recherche über Redaktion, Veröffentlichung, Dokumentation bis hin zur Archivierung dieser Daten achtet die Presse das Privatleben, die Intimsphäre und das Recht auf informationelle Selbstbestimmung des Menschen.

Die Berufsethik räumt jedem das Recht ein, sich über die Presse zu beschweren. Beschwerden sind begründet, wenn die Berufsethik verletzt wird.

Diese Präambel ist Bestandteil der ethischen Normen.

Ziffer 1 – Wahrhaftigkeit und Achtung der Menschenwürde

Die Achtung vor der Wahrheit, die Wahrung der Menschenwürde und die wahrhaftige Unterrichtung der Öffentlichkeit sind oberste Gebote der Presse.

Jede in der Presse tätige Person wahrt auf dieser Grundlage das Ansehen und die Glaubwürdigkeit der Medien.

C. Hangen, *Grundlagenwissen Medien für Journalisten*,
DOI 10.1007/978-3-531-19017-4,
© VS Verlag für Sozialwissenschaften | Springer Fachmedien Wiesbaden 2012

Ziffer 2 – Sorgfalt

Recherche ist unverzichtbares Instrument journalistischer Sorgfalt. Zur Veröffent-
lichung bestimmte Informationen in Wort, Bild und Grafik sind mit der nach den
Umständen gebotenen Sorgfalt auf ihren Wahrheitsgehalt zu prüfen und wahr-
heitsgetreu wiederzugeben. Ihr Sinn darf durch Bearbeitung, Überschrift oder
Bildbeschriftung weder entstellt noch verfälscht werden. Unbestätigte Meldungen,
Gerüchte und Vermutungen sind als solche erkennbar zu machen.
     Symbolfotos müssen als solche kenntlich sein oder erkennbar gemacht werden.

Ziffer 3 – Richtigstellung

Veröffentlichte Nachrichten oder Behauptungen, insbesondere personenbezogener
Art, die sich nachträglich als falsch erweisen, hat das Publikationsorgan, das sie
gebracht hat, unverzüglich von sich aus in angemessener Weise richtigzustellen.

Ziffer 4 – Grenzen der Recherche

Bei der Beschaffung von personenbezogenen Daten, Nachrichten, Informationsmaterial und Bildern dürfen keine unlauteren Methoden angewandt werden.

Ziffer 5 – Berufsgeheimnis

Die Presse wahrt das Berufsgeheimnis, macht vom Zeugnisverweigerungsrecht Gebrauch und gibt Informanten ohne deren ausdrückliche Zustimmung nicht preis.
     Die vereinbarte Vertraulichkeit ist grundsätzlich zu wahren.

Ziffer 6 – Trennung von Tätigkeiten

Journalisten und Verleger üben keine Tätigkeiten aus, die die Glaubwürdigkeit der
Presse in Frage stellen könnten.

Ziffer 7 – Trennung von Werbung und Redaktion

Die Verantwortung der Presse gegenüber der Öffentlichkeit gebietet, dass redaktionelle Veröffentlichungen nicht durch private oder geschäftliche Interessen Dritter oder durch persönliche wirtschaftliche Interessen der Journalistinnen und Journalisten beeinflusst werden. Verleger und Redakteure wehren derartige Versuche ab und achten auf eine klare Trennung zwischen redaktionellem Text und Veröffentlichungen zu werblichen Zwecken. Bei Veröffentlichungen, die ein Eigeninteresse des Verlages betreffen, muss dieses erkennbar sein.

Ziffer 8 – Persönlichkeitsrechte

Die Presse achtet das Privatleben und die Intimsphäre des Menschen. Berührt jedoch das private Verhalten öffentliche Interessen, so kann es im Einzelfall in der Presse erörtert werden. Dabei ist zu prüfen, ob durch eine Veröffentlichung Persönlichkeitsrechte Unbeteiligter verletzt werden. Die Presse achtet das Recht auf informationelle Selbstbestimmung und gewährleistet den redaktionellen Datenschutz.

Ziffer 9 – Schutz der Ehre

Es widerspricht journalistischer Ethik, mit unangemessenen Darstellungen in Wort und Bild Menschen in ihrer Ehre zu verletzen.

Ziffer 10 – Religion, Weltanschauung, Sitte

Die Presse verzichtet darauf, religiöse, weltanschauliche oder sittliche Überzeugungen zu schmähen.

Ziffer 11 – Sensationsberichterstattung, Jugendschutz

Die Presse verzichtet auf eine unangemessen sensationelle Darstellung von Gewalt, Brutalität und Leid. Die Presse beachtet den Jugendschutz.

Ziffer 12 – Diskriminierungen

Niemand darf wegen seines Geschlechts, einer Behinderung oder seiner Zugehörigkeit zu einer ethnischen, religiösen, sozialen oder nationalen Gruppe diskriminiert werden.

Ziffer 13 – Unschuldsvermutung

Die Berichterstattung über Ermittlungsverfahren, Strafverfahren und sonstige förmliche Verfahren muss frei von Vorurteilen erfolgen. Der Grundsatz der Unschuldsvermutung gilt auch für die Presse.

Ziffer 14 – Medizin-Berichterstattung

Bei Berichten über medizinische Themen ist eine unangemessen sensationelle Darstellung zu vermeiden, die unbegründete Befürchtungen oder Hoffnungen beim Leser erwecken könnte. Forschungsergebnisse, die sich in einem frühen Stadium befinden, sollten nicht als abgeschlossen oder nahezu abgeschlossen dargestellt werden.

Ziffer 15 – Vergünstigungen

Die Annahme von Vorteilen jeder Art, die geeignet sein könnten, die Entscheidungsfreiheit von Verlag und Redaktion zu beeinträchtigen, ist mit dem Ansehen, der Unabhängigkeit und der Aufgabe der Presse unvereinbar. Wer sich für die Verbreitung oder Unterdrückung von Nachrichten bestechen lässt, handelt unehrenhaft und berufswidrig.

Ziffer 16 – Rügenveröffentlichung

Es entspricht fairer Berichterstattung, vom Deutschen Presserat öffentlich ausgesprochene Rügen zu veröffentlichen, insbesondere in den betroffenen Publikationsorganen bzw. Telemedien.

Ziffer 1 – Wahrhaftigkeit und Achtung der Menschenwürde

Die Achtung vor der Wahrheit, die Wahrung der Menschenwürde und die wahrhaftige Unterrichtung der Öffentlichkeit sind oberste Gebote der Presse. Jede in der Presse tätige Person wahrt auf dieser Grundlage das Ansehen und die Glaubwürdigkeit der Medien.

Richtlinie 1.1 – Exklusivverträge

Die Unterrichtung der Öffentlichkeit über Vorgänge oder Ereignisse, die für die Meinungs- und Willensbildung wesentlich sind, darf nicht durch Exklusivverträge mit den Informanten oder durch deren Abschirmung eingeschränkt oder verhindert werden. Wer ein Informationsmonopol anstrebt, schließt die übrige Presse von der Beschaffung von Nachrichten dieser Bedeutung aus und behindert damit die Informationsfreiheit.

Richtlinie 1.2 – Wahlkampfberichterstattung

Zur wahrhaftigen Unterrichtung der Öffentlichkeit gehört, dass die Presse in der Wahlkampfberichterstattung auch über Auffassungen berichtet, die sie selbst nicht teilt.

Richtlinie 1.3 – Pressemitteilungen

Pressemitteilungen müssen als solche gekennzeichnet werden, wenn sie ohne Bearbeitung durch die Redaktion veröffentlicht werden.

Ziffer 2 – Sorgfalt

Recherche ist unverzichtbares Instrument journalistischer Sorgfalt. Zur Veröffentlichung bestimmte Informationen in Wort, Bild und Grafik sind mit der nach den Umständen gebotenen Sorgfalt auf ihren Wahrheitsgehalt zu prüfen und wahrheitsgetreu wiederzugeben. Ihr Sinn darf durch Bearbeitung, Überschrift oder Bildbeschriftung weder entstellt noch verfälscht werden. Unbestätigte Meldungen, Gerüchte und Vermutungen sind als solche erkennbar zu machen.

Symbolfotos müssen als solche kenntlich sein oder erkennbar gemacht werden.

Richtlinie 2.1 – Umfrageergebnisse

Bei der Veröffentlichung von Umfrageergebnissen teilt die Presse die Zahl der Befragten, den Zeitpunkt der Befragung, den Auftraggeber sowie die Fragestellung mit. Zugleich muss mitgeteilt werden, ob die Ergebnisse repräsentativ sind.

Sofern es keinen Auftraggeber gibt, soll vermerkt werden, dass die Umfragedaten auf die eigene Initiative des Meinungsbefragungsinstituts zurückgehen.

Richtlinie 2.2 – Symbolfoto

Kann eine Illustration, insbesondere eine Fotografie, beim flüchtigen Lesen als dokumentarische Abbildung aufgefasst werden, obwohl es sich um ein Symbolfoto handelt, so ist eine entsprechende Klarstellung geboten. So sind

- Ersatz- oder Behelfsillustrationen (gleiches Motiv bei anderer Gelegenheit, anderes Motiv bei gleicher Gelegenheit etc.)
- symbolische Illustrationen (nachgestellte Szene, künstlich visualisierter Vorgang zum Text etc.)
- Fotomontagen oder sonstige Veränderungen

deutlich wahrnehmbar in Bildlegende bzw. Bezugstext als solche erkennbar zu machen.

Richtlinie 2.3 – Vorausberichte

Die Presse trägt für von ihr herausgegebene Vorausberichte, die in gedrängter Fassung den Inhalt einer angekündigten Veröffentlichung wiedergeben, die publizistische Verantwortung. Wer Vorausberichte von Presseorganen unter Angabe der Quelle weiterverbreitet, darf sich grundsätzlich auf ihren Wahrheitsgehalt verlassen. Kürzungen oder Zusätze dürfen nicht dazu führen, dass wesentliche Teile der Veröffentlichung eine andere Tendenz erhalten oder unrichtige Rückschlüsse zulassen, durch die berechtigte Interessen Dritter verletzt werden.

Richtlinie 2.4 – Interview

Ein Wortlautinterview ist auf jeden Fall journalistisch korrekt, wenn es das Gesagte richtig wiedergibt.

Wird ein Interview ganz oder in wesentlichen Teilen im Wortlaut zitiert, so muss die Quelle angegeben werden. Wird der wesentliche Inhalt der geäußerten Gedanken mit eigenen Worten wiedergegeben, entspricht eine Quellenangabe journalistischem Anstand.

Richtlinie 2.5 – Grafische Darstellungen

Die Sorgfaltspflicht verlangt, bei grafischen Darstellungen irreführende Verzerrungen auszuschließen.

Richtlinie 2.6 – Leserbriefe

(1) Bei der Veröffentlichung von Leserbriefen sind die Publizistischen Grundsätze zu beachten. Es dient der wahrhaftigen Unterrichtung der Öffentlichkeit, im Leserbriefteil auch Meinungen zu Wort kommen zu lassen, die die Redaktion nicht teilt.

(2) Zuschriften an Verlage oder Redaktionen können als Leserbriefe veröffentlicht werden, wenn aus Form und Inhalt erkennbar auf einen solchen Willen des Einsenders geschlossen werden kann. Eine Einwilligung kann unterstellt werden, wenn sich die Zuschrift zu Veröffentlichungen des Blattes oder zu allgemein interessierenden Themen äußert. Der Verfasser hat keinen Rechtsanspruch auf Abdruck seiner Zuschrift.

(3) Es entspricht einer allgemeinen Übung, dass der Abdruck mit dem Namen des Verfassers erfolgt. Nur in Ausnahmefällen kann auf Wunsch des Verfassers eine andere Zeichnung erfolgen. Die Presse verzichtet beim Abdruck auf die Veröffentlichung von Adressangaben, es sei denn, die Veröffentlichung der Adresse dient der Wahrung berechtigter Interessen. Bestehen Zweifel an der Identität des Absenders, soll auf den Abdruck verzichtet werden. Die Veröffentlichung fingierter Leserbriefe ist mit der Aufgabe der Presse unvereinbar.

(4) Änderungen oder Kürzungen von Zuschriften ohne Einverständnis des Verfassers sind grundsätzlich unzulässig. Kürzungen sind jedoch möglich, wenn die Rubrik Leserzuschriften einen regelmäßigen Hinweis enthält, dass sich die Redaktion bei Zuschriften, die für diese Rubrik bestimmt sind, das Recht der sinnwahrenden Kürzung vorbehält. Verbietet der Einsender ausdrücklich Änderungen

oder Kürzungen, so hat sich die Redaktion, auch wenn sie sich das Recht der Kürzung vorbehalten hat, daran zu halten oder auf den Abdruck zu verzichten.
(5) Alle einer Redaktion zugehenden Leserbriefe unterliegen dem Redaktionsgeheimnis. Sie dürfen in keinem Fall an Dritte weitergegeben werden.

Ziffer 3 – Richtigstellung

Veröffentlichte Nachrichten oder Behauptungen, insbesondere personenbezogener Art, die sich nachträglich als falsch erweisen, hat das Publikationsorgan, das sie gebracht hat, unverzüglich von sich aus in angemessener Weise richtigzustellen.

Richtlinie 3.1 – Anforderungen

Für den Leser muss erkennbar sein, dass die vorangegangene Meldung ganz oder zum Teil unrichtig war. Deshalb nimmt eine Richtigstellung bei der Wiedergabe des korrekten Sachverhalts auf die vorangegangene Falschmeldung Bezug. Der wahre Sachverhalt wird geschildert, auch dann, wenn der Irrtum bereits in anderer Weise in der Öffentlichkeit eingestanden worden ist.

Richtlinie 3.2 – Dokumentierung

Führt die journalistisch-redaktionelle Erhebung, Verarbeitung oder Nutzung personenbezogener Daten durch die Presse zur Veröffentlichung von Richtigstellungen, Widerrufen, Gegendarstellungen oder zu Rügen des Deutschen Presserats, so sind diese Veröffentlichungen von dem betreffenden Publikationsorgan zu den gespeicherten Daten zu nehmen und für dieselbe Zeitdauer zu dokumentieren wie die Daten selbst.

Ziffer 4 – Grenzen der Recherche

Bei der Beschaffung von personenbezogenen Daten, Nachrichten, Informationsmaterial und Bildern dürfen keine unlauteren Methoden angewandt werden.

Richtlinie 4.1 – Grundsätze der Recherchen

Journalisten geben sich grundsätzlich zu erkennen. Unwahre Angaben des recherchierenden Journalisten über seine Identität und darüber, welches Organ er vertritt, sind grundsätzlich mit dem Ansehen und der Funktion der Presse nicht vereinbar. Verdeckte Recherche ist im Einzelfall gerechtfertigt, wenn damit Informationen von besonderem öffentlichen Interesse beschafft werden, die auf andere Weise nicht zugänglich sind.

Bei Unglücksfällen und Katastrophen beachtet die Presse, dass Rettungsmaßnahmen für Opfer und Gefährdete Vorrang vor dem Informationsanspruch der Öffentlichkeit haben.

Richtlinie 4.2 – Recherche bei schutzbedürftigen Personen

Bei der Recherche gegenüber schutzbedürftigen Personen ist besondere Zurückhaltung geboten. Dies betrifft vor allem Menschen, die sich nicht im Vollbesitz ihrer geistigen oder körperlichen Kräfte befinden oder einer seelischen Extremsituation ausgesetzt sind, aber auch Kinder und Jugendliche. Die eingeschränkte Willenskraft oder die besondere Lage solcher Personen darf nicht gezielt zur Informationsbeschaffung ausgenutzt werden.

Richtlinie 4.3 – Sperrung oder Löschung personenbezogener Daten

Personenbezogene Daten, die unter Verstoß gegen den Pressekodex erhoben wurden, sind von dem betreffenden Publikationsorgan zu sperren oder zu löschen.

Ziffer 5 – Berufsgeheimnis

Die Presse wahrt das Berufsgeheimnis, macht vom Zeugnisverweigerungsrecht Gebrauch und gibt Informanten ohne deren ausdrückliche Zustimmung nicht preis.

Die vereinbarte Vertraulichkeit ist grundsätzlich zu wahren.

Richtlinie 5.1 – Vertraulichkeit

Hat der Informant die Verwertung seiner Mitteilung davon abhängig gemacht, dass er als Quelle unerkennbar oder ungefährdet bleibt, so ist diese Bedingung zu respektieren. Vertraulichkeit kann nur dann nicht bindend sein, wenn die Information ein Verbrechen betrifft und die Pflicht zur Anzeige besteht. Vertraulichkeit muss nicht gewahrt werden, wenn bei sorgfältiger Güter- und Interessenabwägung gewichtige staatspolitische Gründe überwiegen, insbesondere wenn die verfassungsmäßige Ordnung berührt oder gefährdet ist.

Über als geheim bezeichnete Vorgänge und Vorhaben darf berichtet werden, wenn nach sorgfältiger Abwägung festgestellt wird, dass das Informationsbedürfnis der Öffentlichkeit höher rangiert als die für die Geheimhaltung angeführten Gründe.

Richtlinie 5.2 – Nachrichtendienstliche Tätigkeiten

Nachrichtendienstliche Tätigkeiten von Journalisten und Verlegern sind mit den Pflichten aus dem Berufsgeheimnis und dem Ansehen der Presse nicht vereinbar.

Richtlinie 5.3 – Datenübermittlung

Alle von Redaktionen zu journalistisch-redaktionellen Zwecken erhobenen, verarbeiteten oder genutzten personenbezogenen Daten unterliegen dem Redaktionsgeheimnis. Die Übermittlung von Daten zu journalistisch-redaktionellen Zwecken zwischen den Redaktionen ist zulässig. Sie soll bis zum Abschluss eines formellen datenschutzrechtlichen Beschwerdeverfahrens unterbleiben. Eine Datenübermittlung ist mit dem Hinweis zu versehen, dass die übermittelten Daten nur zu journalistisch-redaktionellen Zwecken verarbeitet oder genutzt werden dürfen.

Ziffer 6 – Trennung von Tätigkeiten

Journalisten und Verleger üben keine Tätigkeiten aus, die die Glaubwürdigkeit der Presse in Frage stellen könnten.

Richtlinie 6.1 – Doppelfunktionen

Übt ein Journalist oder Verleger neben seiner publizistischen Tätigkeit eine Funktion, beispielsweise in einer Regierung, einer Behörde oder in einem Wirtschaftsunternehmen aus, müssen alle Beteiligten auf strikte Trennung dieser Funktionen achten. Gleiches gilt im umgekehrten Fall.

Ziffer 7 – Trennung von Werbung und Redaktion

Die Verantwortung der Presse gegenüber der Öffentlichkeit gebietet, dass redaktionelle Veröffentlichungen nicht durch private oder geschäftliche Interessen Dritter oder durch persönliche wirtschaftliche Interessen der Journalistinnen und Journalisten beeinflusst werden. Verleger und Redakteure wehren derartige Versuche ab und achten auf eine klare Trennung zwischen redaktionellem Text und Veröffentlichungen zu werblichen Zwecken. Bei Veröffentlichungen, die ein Eigeninteresse des Verlages betreffen, muss dieses erkennbar sein.

Richtlinie 7.1 – Trennung von redaktionellem Text und Anzeigen

Bezahlte Veröffentlichungen müssen so gestaltet sein, dass sie als Werbung für den Leser erkennbar sind. Die Abgrenzung vom redaktionellen Teil kann durch Kennzeichnung und/oder Gestaltung erfolgen. Im Übrigen gelten die werberechtlichen Regelungen.

Richtlinie 7.2 – Schleichwerbung

Redaktionelle Veröffentlichungen, die auf Unternehmen, ihre Erzeugnisse, Leistungen oder Veranstaltungen hinweisen, dürfen nicht die Grenze zur Schleichwerbung überschreiten. Eine Überschreitung liegt insbesondere nahe, wenn die Veröffentlichung über ein begründetes öffentliches Interesse oder das Informationsinteresse der Leser hinausgeht oder von dritter Seite bezahlt bzw. durch geldwerte Vorteile belohnt wird.

Die Glaubwürdigkeit der Presse als Informationsquelle gebietet besondere Sorgfalt beim Umgang mit PR-Material.

Richtlinie 7.3 – Sonderveröffentlichungen

Redaktionelle Sonderveröffentlichungen unterliegen der gleichen redaktionellen Verantwortung wie alle redaktionellen Veröffentlichungen.
Werbliche Sonderveröffentlichungen müssen die Anforderungen der Richtlinie 7.1 beachten.

Richtlinie 7.4 – Wirtschafts- und Finanzmarktberichterstattung

Journalisten und Verleger, die Informationen im Rahmen ihrer Berufsausübung recherchieren oder erhalten, nutzen diese Informationen vor ihrer Veröffentlichung ausschließlich für publizistische Zwecke und nicht zum eigenen persönlichen Vorteil oder zum persönlichen Vorteil anderer.

Journalisten und Verleger dürfen keine Berichte über Wertpapiere und/oder deren Emittenten in der Absicht veröffentlichen, durch die Kursentwicklung des entsprechenden Wertpapieres sich, ihre Familienmitglieder oder andere nahestehende Personen zu bereichern. Sie sollen weder direkt noch durch Bevollmächtigte Wertpapiere kaufen bzw. verkaufen, über die sie zumindest in den vorigen zwei Wochen etwas veröffentlicht haben oder in den nächsten zwei Wochen eine Veröffentlichung planen.

Um die Einhaltung dieser Regelungen sicherzustellen, treffen Journalisten und Verleger die erforderlichen Maßnahmen. Interessenkonflikte bei der Erstellung oder Weitergabe von Finanzanalysen sind in geeigneter Weise offenzulegen.

Ziffer 8 – Persönlichkeitsrechte

Die Presse achtet das Privatleben und die Intimsphäre des Menschen. Berührt jedoch das private Verhalten öffentliche Interessen, so kann es im Einzelfall in der Presse erörtert werden. Dabei ist zu prüfen, ob durch eine Veröffentlichung Persönlichkeitsrechte Unbeteiligter verletzt werden. Die Presse achtet das Recht auf informationelle Selbstbestimmung und gewährleistet den redaktionellen Datenschutz.

Richtlinie 8.1 – Nennung von Namen/Abbildungen

(1) Bei der Berichterstattung über Unglücksfälle, Straftaten, Ermittlungs- und Gerichtsverfahren (s. auch Ziffer 13 des Pressekodex) veröffentlicht die Presse in der Regel keine Informationen in Wort und Bild, die eine Identifizierung von Opfern

und Tätern ermöglichen würden. Mit Rücksicht auf ihre Zukunft genießen Kinder und Jugendliche einen besonderen Schutz. Immer ist zwischen dem Informationsinteresse der Öffentlichkeit und dem Persönlichkeitsrecht des Betroffenen abzuwägen. Sensationsbedürfnisse allein können ein Informationsinteresse der Öffentlichkeit nicht begründen.

(2) Opfer von Unglücksfällen oder von Straftaten haben Anspruch auf besonderen Schutz ihres Namens. Für das Verständnis des Unfallgeschehens bzw. des Tathergangs ist das Wissen um die Identität des Opfers in der Regel unerheblich. Ausnahmen können bei Personen der Zeitgeschichte oder bei besonderen Begleitumständen gerechtfertigt sein.

(3) Bei Familienangehörigen und sonstigen durch die Veröffentlichung mittelbar Betroffenen, die mit dem Unglücksfall oder der Straftat nichts zu tun haben, sind Namensnennung und Abbildung grundsätzlich unzulässig.

(4) Die Nennung des vollständigen Namens und/oder die Abbildung von Tatverdächtigen, die eines Kapitalverbrechens beschuldigt werden, ist ausnahmsweise dann gerechtfertigt, wenn dies im Interesse der Verbrechensaufklärung liegt und Haftbefehl beantragt ist oder wenn das Verbrechen unter den Augen der Öffentlichkeit begangen wird.

Liegen Anhaltspunkte für eine mögliche Schuldunfähigkeit eines Täters oder Tatverdächtigen vor, sollen Namensnennung und Abbildung unterbleiben.

(5) Bei Amts- und Mandatsträgern können Namensnennung und Abbildung zulässig sein, wenn ein Zusammenhang zwischen Amt und Mandat und einer Straftat gegeben ist. Gleiches trifft auf Personen der Zeitgeschichte zu, wenn die ihnen zur Last gelegte Tat im Widerspruch steht zu dem Bild, das die Öffentlichkeit von ihnen hat.

(6) Namen und Fotos Vermisster dürfen veröffentlicht werden, jedoch nur in Absprache mit den zuständigen Behörden.

Richtlinie 8.2 – Schutz des Aufenthaltsortes

Der private Wohnsitz sowie andere Orte der privaten Niederlassung, wie z. B. Krankenhaus-, Pflege-, Kur-, Haft- oder Rehabilitationsorte, genießen besonderen Schutz.

Richtlinie 8.3 – Resozialisierung

Im Interesse der Resozialisierung müssen bei der Berichterstattung im Anschluss an ein Strafverfahren in der Regel Namensnennung und Abbildung unterbleiben, es sei denn, ein neues Ereignis schafft einen direkten Bezug zu dem früheren Vorgang.

Richtlinie 8.4 – Erkrankungen

Körperliche und psychische Erkrankungen oder Schäden fallen grundsätzlich in die Geheimsphäre des Betroffenen. Mit Rücksicht auf ihn und seine Angehörigen soll die Presse in solchen Fällen auf Namensnennung und Bild verzichten und abwertende Bezeichnungen der Krankheit oder der Krankenanstalt, auch wenn sie im Volksmund anzutreffen sind, vermeiden. Auch Personen der Zeitgeschichte genießen über den Tod hinaus den Schutz vor diskriminierenden Enthüllungen.

Richtlinie 8.5 – Selbsttötung

Die Berichterstattung über Selbsttötung gebietet Zurückhaltung. Dies gilt insbesondere für die Nennung von Namen und die Schilderung näherer Begleitumstände. Eine Ausnahme ist beispielsweise dann zu rechtfertigen, wenn es sich um einen Vorfall der Zeitgeschichte von öffentlichem Interesse handelt.

Richtlinie 8.6 – Opposition und Fluchtvorgänge

Bei der Berichterstattung über Länder, in denen Opposition gegen die Regierung Gefahren für Leib und Leben bedeuten kann, ist zu bedenken: Durch die Nennung von Namen oder Fotoveröffentlichungen können Betroffene identifiziert und verfolgt werden. Auch kann die Veröffentlichung von Einzelheiten über Geflüchtete und ihre Flucht dazu führen, dass zurückgebliebene Verwandte und Freunde gefährdet oder noch bestehende Fluchtmöglichkeiten verbaut werden.

Richtlinie 8.7 – Jubiläumsdaten

Die Veröffentlichung von Jubiläumsdaten solcher Personen, die sonst nicht im Licht der Öffentlichkeit stehen, bedingt, dass sich die Redaktion vorher vergewissert hat, ob die Betroffenen mit der Veröffentlichung einverstanden sind oder vor öffentlicher Anteilnahme geschützt sein wollen.

Richtlinie 8.8 – Auskunft

Wird jemand durch eine Berichterstattung in der Presse in seinem Persönlichkeitsrecht beeinträchtigt, so hat das verantwortliche Publikationsorgan dem Betroffenen auf Antrag Auskunft über die der Berichterstattung zugrunde liegenden, zu seiner Person gespeicherten Daten zu erstatten. Die Auskunft darf verweigert werden, soweit

- aus den Daten auf Personen, die bei der Recherche, Bearbeitung oder Veröffentlichung von Beiträgen berufsmäßig journalistisch mitwirken oder mitgewirkt haben, geschlossen werden kann,
- aus den Daten auf die Person des Einsenders, Gewährsträgers oder Informanten von Beiträgen, Unterlagen und Mitteilungen für den redaktionellen Teil geschlossen werden kann,
- durch die Mitteilung der recherchierten oder sonst erlangten Daten die journalistische Aufgabe des Publikationsorgans durch Ausforschung des Informationsbestandes beeinträchtigt würde oder
- es sich sonst als notwendig erweist, um das Recht auf Privatsphäre mit den für die Freiheit der Meinungsäußerung geltenden Vorschriften in Einklang zu bringen.

Ziffer 9 – Schutz der Ehre

Es widerspricht journalistischer Ethik, mit unangemessenen Darstellungen in Wort und Bild Menschen in ihrer Ehre zu verletzen.

Ziffer 10 – Religion, Weltanschauung, Sitte

Die Presse verzichtet darauf, religiöse, weltanschauliche oder sittliche Überzeugungen zu schmähen.

Ziffer 11 – Sensationsberichterstattung, Jugendschutz

Die Presse verzichtet auf eine unangemessen sensationelle Darstellung von Gewalt, Brutalität und Leid. Die Presse beachtet den Jugendschutz.

Richtlinie 11.1 – Unangemessene Darstellung

Unangemessen sensationell ist eine Darstellung, wenn in der Berichterstattung der Mensch zum Objekt, zu einem bloßen Mittel, herabgewürdigt wird. Dies ist insbesondere dann der Fall, wenn über einen sterbenden oder körperlich oder seelisch leidenden Menschen in einer über das öffentliche Interesse und das Informationsinteresse der Leser hinausgehenden Art und Weise berichtet wird.

Bei der Platzierung bildlicher Darstellungen von Gewalttaten und Unglücksfällen auf Titelseiten beachtet die Presse die möglichen Wirkungen auf Kinder und Jugendliche.

Richtlinie 11.2 – Berichterstattung über Gewalttaten

Bei der Berichterstattung über Gewalttaten, auch angedrohte, wägt die Presse das Informationsinteresse der Öffentlichkeit gegen die Interessen der Opfer und Betroffenen sorgsam ab. Sie berichtet über diese Vorgänge unabhängig und authentisch, lässt sich aber dabei nicht zum Werkzeug von Verbrechern machen. Sie unternimmt keine eigenmächtigen Vermittlungsversuche zwischen Verbrechern und Polizei.

Interviews mit Tätern während des Tatgeschehens darf es nicht geben.

Richtlinie 11.3 – Unglücksfälle und Katastrophen

Die Berichterstattung über Unglücksfälle und Katastrophen findet ihre Grenze im Respekt vor dem Leid von Opfern und den Gefühlen von Angehörigen. Die vom Unglück Betroffenen dürfen grundsätzlich durch die Darstellung nicht ein zweites Mal zu Opfern werden.

Richtlinie 11.4 – Abgestimmtes Verhalten mit Behörden/ Nachrichtensperre

Nachrichtensperren akzeptiert die Presse grundsätzlich nicht.

Ein abgestimmtes Verhalten zwischen Medien und Polizei gibt es nur dann, wenn Leben und Gesundheit von Opfern und anderen Beteiligten durch das Handeln von Journalisten geschützt oder gerettet werden können. Dem Ersuchen von Strafverfolgungsbehörden, die Berichterstattung im Interesse der Aufklärung von Verbrechen in einem bestimmten Zeitraum, ganz oder teilweise zu unterlassen, folgt die Presse, wenn das jeweilige Ersuchen überzeugend begründet ist.

Richtlinie 11.5 – Verbrecher-Memoiren

Die Veröffentlichung so genannter Verbrecher-Memoiren verstößt gegen die Publizistischen Grundsätze, wenn Straftaten nachträglich gerechtfertigt oder relativiert werden, die Opfer unangemessen belastet und durch eine detaillierte Schilderung eines Verbrechens lediglich Sensationsbedürfnisse befriedigt werden.

Richtlinie 11.6 – Drogen

Veröffentlichungen in der Presse dürfen den Gebrauch von Drogen nicht verharmlosen.

Ziffer 12 – Diskriminierungen

Niemand darf wegen seines Geschlechts, einer Behinderung oder seiner Zugehörigkeit zu einer ethnischen, religiösen, sozialen oder nationalen Gruppe diskriminiert werden.

Richtlinie 12.1 – Berichterstattung über Straftaten

In der Berichterstattung über Straftaten wird die Zugehörigkeit der Verdächtigen oder Täter zu religiösen, ethnischen oder anderen Minderheiten nur dann erwähnt, wenn für das Verständnis des berichteten Vorgangs ein begründbarer Sachbezug besteht.

Besonders ist zu beachten, dass die Erwähnung Vorurteile gegenüber Minderheiten schüren könnte.

Ziffer 13 – Unschuldsvermutung

Die Berichterstattung über Ermittlungsverfahren, Strafverfahren und sonstige förmliche Verfahren muss frei von Vorurteilen erfolgen. Der Grundsatz der Unschuldsvermutung gilt auch für die Presse.

Richtlinie 13.1 – Vorverurteilung

Die Berichterstattung über Ermittlungs- und Gerichtsverfahren dient der sorgfältigen Unterrichtung der Öffentlichkeit über Straftaten und andere Rechtsverletzungen, deren Verfolgung und richterliche Bewertung. Sie darf dabei nicht vorverurteilen. Die Presse darf eine Person als Täter bezeichnen, wenn sie ein Geständnis abgelegt hat und zudem Beweise gegen sie vorliegen oder wenn sie die Tat unter den Augen der Öffentlichkeit begangen hat. In der Sprache der Berichterstattung ist die Presse nicht an juristische Begrifflichkeiten gebunden, die für den Leser unerheblich sind.

Ziel der Berichterstattung darf in einem Rechtsstaat nicht eine soziale Zusatzbestrafung Verurteilter mit Hilfe eines "Medien-Prangers" sein. Zwischen Verdacht und erwiesener Schuld ist in der Sprache der Berichterstattung deutlich zu unterscheiden.

Richtlinie 13.2 – Folgeberichterstattung

Hat die Presse über eine noch nicht rechtskräftige Verurteilung eines Betroffenen berichtet, soll sie auch über einen rechtskräftig abschließenden Freispruch bzw. über eine deutliche Minderung des Strafvorwurfs berichten, sofern berechtigte Interessen des Betroffenen dem nicht entgegenstehen. Diese Empfehlung gilt sinngemäß auch für die Einstellung eines Ermittlungsverfahrens.

Richtlinie 13.3 – Straftaten Jugendlicher

Bei der Berichterstattung über Ermittlungs- und Strafverfahren gegen Jugendliche sowie über ihr Auftreten vor Gericht soll die Presse mit Rücksicht auf die Zukunft der Betroffenen besondere Zurückhaltung üben.

Ziffer 14 – Medizin-Berichterstattung

Bei Berichten über medizinische Themen ist eine unangemessen sensationelle Darstellung zu vermeiden, die unbegründete Befürchtungen oder Hoffnungen beim Leser erwecken könnte. Forschungsergebnisse, die sich in einem frühen Stadium befinden, sollten nicht als abgeschlossen oder nahezu abgeschlossen dargestellt werden.

Ziffer 15 – Vergünstigungen

Die Annahme von Vorteilen jeder Art, die geeignet sein könnten, die Entscheidungsfreiheit von Verlag und Redaktion zu beeinträchtigen, ist mit dem Ansehen, der Unabhängigkeit und der Aufgabe der Presse unvereinbar. Wer sich für die Verbreitung oder Unterdrückung von Nachrichten bestechen lässt, handelt unehrenhaft und berufswidrig.

Richtlinie 15.1 – Einladungen und Geschenke

Schon der Anschein, die Entscheidungsfreiheit von Verlag und Redaktion könne beeinträchtigt werden, ist zu vermeiden. Journalisten nehmen daher keine Einladungen oder Geschenke an, deren Wert das im gesellschaftlichen Verkehr übliche und im Rahmen der beruflichen Tätigkeit notwendige Maß übersteigt.

Die Annahme von Werbeartikeln oder sonstiger geringwertiger Gegenstände ist unbedenklich.

Recherche und Berichterstattung dürfen durch die Annahme von Geschenken, Einladungen oder Rabatten nicht beeinflusst, behindert oder gar verhindert werden. Verlage und Journalisten bestehen darauf, dass Informationen unabhängig von der Annahme eines Geschenks oder einer Einladung gegeben werden.

Wenn Journalisten über Pressereisen berichten, zu denen sie eingeladen wurden, machen sie diese Finanzierung kenntlich.

Ziffer 16 – Rügenveröffentlichung

Es entspricht fairer Berichterstattung, vom Deutschen Presserat öffentlich ausgesprochene Rügen zu veröffentlichen, insbesondere in den betroffenen Publikationsorganen bzw. Telemedien.

Richtlinie 16.1 – Inhalt der Rügenveröffentlichung

Der Leser muss den Sachverhalt der gerügten Veröffentlichung erfahren und informiert werden, welcher publizistische Grundsatz durch die Veröffentlichung verletzt wurde.

Richtlinie 16.2 – Art und Weise der Rügenveröffentlichung

Rügen sind in den betroffenen Publikationsorganen bzw. Telemedien in angemessener Form zu veröffentlichen. Die Rügen müssen in Telemedien mit dem gerügten Beitrag verknüpft werden.

Literatur

Altendorfer, Otto. 2004. *Das Mediensystem der Bundesrepublik Deutschland*. Bd. 2. Wiesbaden: VS-Verlag.

Baukloh, Dieter, und Carsten Wittmaack. 2003. *Medienmogule und Meinungsmacher*. Düsseldorf: Droste.

Baumann, Heide, und Hans Schwender, Hrsg. 2000. *Kursbuch Neue Medien 2000*. Stuttgart: Deutsche Verlags-Anstalt.

Bensedrine, Sihem, und Omar Mestiri. 2005. *Despoten vor Europas Haustür. Warum der Sicherheitswahn den Extremismus schürt*. München: Antje Kunstmann.

Bentele, Günter, und Deutscher Fachjournalisten-Verband, Hrsg. 2006. *PR für Fachmedien. Professionell kommunizieren mit Experten*. Konstanz: UVK.

Bergsdorf, Wolfgang. 1980a. Information vs. Manipulation – politische Funktion der Massenmedien. In *Die 4. Gewalt, Einführung in die politische Massenkommunikation*, Hrsg. Ders., 1980b. Mainz: v. Hase & Koehler.

Bergsdorf, Wolfgang. 1980b. *Die 4. Gewalt, Einführung in die politische Massenkommunikation*. Mainz: v. Hase & Koehler.

Berstein, Serge, und Pierre Milza. 1995. *Histoire de la France au XXesiècle*. Paris: Editions Complexes.

Beyer, Andrea, und Petra Carl. 2004. *Einführung in die Medienökonomie*. Konstanz: UVK Verlagsgesellschaft, UTB.

Beyer, Andrea, und Petra Carl. 2008. *Einführung in die Medienökonomie*. 2. überarbeitete und erweiterte Aufl. Konstanz: UVK Verlagsgesellschaft, UTB.

Blanke, Hermann-Josef. 2003. *Deutsche Verfassungen*. Paderborn: UTB.

Bollmann, Stefan, Hrsg. 1995. *Kursbuch Neue Medien. Trends in Wirtschaft und Politik, Wissenschaft und Kultur*. Mannheim: Bollmann.

Bonfadelli, Heinz. 2004a. *Medienwirkungsforschung I Grundlagen*. Konstanz: UVK.

Bonfadelli, Heinz. 2004b. *Medienwirkungsforschung II Anwendungen*. Konstanz: UVK.

Breyer-Mayländer, von Thomas. 2009. Herausragend – Sieben Beispiele für erfolgreiches Zeitungsmarketing in Deutschland. In *Bundesverband Deutscher Zeitungsverleger, Zeitungen 2009*, 236–243. Berlin,.

Burkart, Roland. 2004. Wirkungen der Massenmedien. In *Praktischer Journalismus. Presse, Radio, Fernsehen, Online*, Hrsg. Heinz Pürer, Meinrad Rahofer and Claus Reitan, 341–358. Salzburg: UVK.

Donsbach, Wolfgang. 1999. Journalismus und journalistisches Berufsverständnis. In *Mediengeschichte in der Bundesrepublik Deutschland*, Hrsg. Jürgen Wilke, 489–517. Köln: Böhlau.

C. Hangen, *Grundlagenwissen Medien für Journalisten*,
DOI 10.1007/978-3-531-19017-4,
© VS Verlag für Sozialwissenschaften | Springer Fachmedien Wiesbaden 2012

147

Dörr, Dieter. 2004/2005. Die europäische Medienordnung. In *Internationales Handbuch, Medien*, Hrsg. Hans-Bredow-Institut, 40–77. Baden-Baden: Nomos.

Dovifat, Emil. 1990. In *Der amerikanische Journalismus*, Hrsg. Ruß-Mohl Stephan und Sösemann Bernd, Berlin: Colloquium.

Dreier, Hardy. 2004/2005. Das Mediensystem der Bundesrepublik Deutschland. In *Internationales Handbuch, Medien*, Hrsg. Hans-Bredow-Institut, 245–268. Baden-Baden: Nomos.

Ehling, Holger. 2000. Elektrosmog im Blätterwald. In *Kursbuch Neue Medien 2000. Ein Reality Check. Menschen. Medien. Märkte*, Hrsg. Heide Baumann, et al., 25–31. Stuttgart: Deutsche Verlags-Anstalt.

Eisenmann, Hartmut. 2001. *Grundriss Gewerblicher Rechtsschutz und Urheberrecht*. Heidelberg: C.F. Müller.

Esser, Frank, und Bettina Kaltenhäuser. 2001. The Modern Newsroom. Innovative Redaktionsstrukturen amerikanischer Tageszeitungen. In *Aktuelle Medientrends in den USA*, Hrsg. Hans J. Kleinsteuber, 83–108. Opladen: Westdeutscher Verlag.

Faulstich, Werner. 2006. *Mediengeschichte von den Anfängen bis 1700*. Göttingen: UTB.

Fengler, Susanne. 2002. *Medienjournalismus in den USA*. Konstanz: UVK Verlagsgesellschaft.

Ford, Henry. 2008. *Mein Leben und Werk*. Leipzig: Deltusmedia.

Frotscher, Werner, und Bodo Pieroth. 2007. *Verfassungsgeschichte*. München: C.H. Beck.

Gaus, Bettina. 2004. *Frontberichte, Die Macht der Medien in Zeiten des Krieges*. Frankfurt a. M.: Campus.

Glotz, Peter. 1995. Chancen und Gefahren der Telekratie. Der Wandel der Kommunikationskultur seit 1984. In Neue Gesellschaft/Frankfurter Hefte 1/1995; 32–41. – Wiederveröffentlicht. In *Kursbuch Neue Medien. Trends in Wirtschaft und Politik, Wissenschaft und Kultur*, Hrsg. Stefan Bollmann, 41–56. Mannheim: Bollmann.

Götting, Horst-Peter. 2010. *Gewerblicher Rechtsschutz*. München: Verlag C.H. Beck.

Hangen, Claudia. 2005. *Die Partei der Grünen in Frankreich*. Wiesbaden: DUV.

Hangen, Claudia. 2008a. Usbekistan bleibt ein Unrechtssystem. In Telepolis, am 19.11.2008.

Hangen, Claudia. 2008b. Spione in Putins Land. In Telepolis, am 14.6.2008

Hangen, Claudia. 2008c. Ich arbeite wie eine Partisanin. In Frankfurter Allgemeine Zeitung, am 5.02.2008.

Hans-Bredow-Institut. 2004/2005. *Internationales Handbuch Medien*. Baden-Baden: Nomos.

Hans-Bredow-Institut. Hrsg. 2006. *Medien von A bis Z, (BBC – British Broadcasting Company)*. Wiesbaden: VS-Verlag.

Herrmann, Friederike. 2006. *Unter Druck. Die journalistische Textwerkstatt. Erfahrungen, Analysen, Übungen*. Wiesbaden: VS-Verlag.

Hippler, von Hans-J. 2009. Sieben von zehn – Leistungswerte der Zeitungen und jugendliche Mediennutzung. In *Bundesverband Deutscher Zeitungsverleger, Zeitungen 2009*, 126–139. Berlin.

Hoffmann, Jochen, und Ulrich Sarcinelli. 1999. Politische Wirkungen der Medien. In *Mediengeschichte der Bundesrepublik Deutschland*, Hrsg. Jürgen Wilke, 720–748. Köln: Böhlau.

Holtz-Bacha, Christina. 1999. Die alternative Presse. In *Mediengeschichte der Bundesrepublik Deutschland*, Hrsg. Jürgen Wilke, 330–349. Köln: Böhlau.

Hübner, Bernhard. 2010. Süddeutsche Zeitung. Adieu Tristesse? *Das Medienmagazin Journalist* 5:50–53.

Hucko, Elmar. 2002. *Das neue Urhebervertragsrecht*. Halle: mdv Mitteldeutscher.

Jäckel, Michael. 2008. *Medienwirkungen. Ein Studienbuch zur Einführung*. 4. überarbeitete und erweiterte Aufl. Wiesbaden: VS-Verlag.

Keller, Dieter. 2009. Schwierige Zeiten – Zur wirtschaftlichen Lage der deutschen Zeitungen. In *Bundesverband Deutscher Zeitungsverleger, Zeitungen 2009*, 30–106. Berlin.

Kepplinger, Hans Mathias. 1999. Zeitungsberichterstattung im Wandel. In *Mediengeschichte der Bundesrepublik Deutschland*, Hrsg. Jürgen Wilke, 195–210. Köln: Böhlau.

Kiefer, M. L. 2004. 20 Jahre privater Rundfunk. In Media Perspektiven 12/2004, 558–568.

Kleinsteuber, Hans J. 2001. *Aktuelle Medientrends in den USA, Journalismus, Politische Kommunikation und Medien im Zeitalter der Digitalisierung*. Opladen: Westdeutscher Verlag.

Kleinsteuber, Hans J. 2004/2005. Das Mediensystem der USA. In *Internationales Handbuch, Medien – Mediensysteme außerhalb Europas*, Hrsg. Hans-Bredow-Institut, 1081–1094. Baden-Baden: Nomos.

Kleinsteuber, Hans J. 2007. Nordamerika. In *Mediensysteme im internationalen Vergleich*, Hrsg. Barbara Thomaß, 246–258. Konstanz: UVK.

Köhler, Otto. 2002. *Rudolf Augstein Ein Leben für Deutschland*. München: DroemerKnaur.

Kopper, Gerd G. 2006. *Medienhandbuch Deutschland, Fernsehen, Radio, Presse, Multimedia, Film*. Reinbek bei Hamburg: Rowohlt.

Lipietz, Alain. 1996. *La Société en sablier*. Paris: Editions La Découverte.

Löffelholz, Martin. 2004. *Krieg als Medienereignis II. Krisenkommunikation im 21. Jahrhundert*. Opladen: Westdeutscher Verlag.

Ludwig, Johannes. 2007. *Investigativer Journalismus*. Konstanz: UVK Verlagsgesellschaft.

Luhmann, Niklas. 1996. *Die Realität der Massenmedien*. Opladen: Westdeutscher.

Mast, Claudia, Hrsg. 2003. *Krise der Zeitungen. Wohin steuert der Journalismus? Ergebnisse einer Umfrage unter Chefredakteuren und Schlussfolgerungen. Kommunikation und Management*. Bd. 2, 62. Stuttgart: Universität Hohenheim, Fachgebiet Kommunikationswissenschaften und Journalistik.

Mast, Claudia. 2008. *ABC des Journalismus. Wege zur beruflichen Qualifikation*. Konstanz: UVK.

Merten, K., S. J. Schmidt und S. Weischenberg, Hrsg. 1994. *Die Wirklichkeit der Medien*. Opladen: Westdeutscher Verlag GmbH.

Meyn, Hermann. 2004. *Massenmedien in Deutschland*. Neuauflage. Konstanz: UVK.

Miège, Bernard. 2004/2005. Das Mediensystem Frankreichs. In *Internationales Handbuch, Medien*, Hrsg. Hans-Bredow-Institut, 304–316. Baden-Baden: Nomos.

Moes, Johannes. 2000. Eine Netzkritikbewegung? Konflikte um die Entwicklung des Internets und zivilgesellschaftliche Alternativen. In Das Argument, Nr. 238, die Neue Ökonomie des Internet, 741–753.

Müller, Marion G. 2001. VorBild Amerika? Tendenzen amerikanischer und deutscher Wahlkampfkommunikation. In *Aktuelle Medientrends in den USA, Journalismus, Politische Kommunikation und Medien im Zeitalter der Digitalisierung*, Hrsg. Hans J. Kleinsteuber, 228–251. Opladen: Westdeutscher.

Noelle-Neumann, Elisabeth. 1996. *Öffentliche Meinung. Die Entdeckung der Schweigespirale*. Berlin: Ullstein.

Noelle-Neumann, Elisabeth, und Thomas Petersen. 2005. *Alle, nicht jeder. Einführung in die Methoden der Demoskopie*. Heidelberg: Springer.

Papier, Hans-Jürgen, und Johannes Möller. 1999. Presse- und Rundfunkrecht. In *Mediengeschichte der Bundesrepublik Deutschland*, Hrsg. Jürgen Wilke, 449–468. Köln: Böhlau.

Prott, Jürgen. 1994. Ökonomie und Organisation der Medien. In *Die Wirklichkeit der Medien,* Hrsg. K. Merten, S. J. Schmidt und S. Weischenberg, 481–505. Opladen: Westdeutscher.

Pürer, Heinz, Meinrad Rahofer, und Claus Reitan. 2004. *Praktischer Journalismus. Presse, Radio, Fernsehen, Online.* Salzburg: UVK.

Ramonet, Ignacio. 2002. *Liebesgrüße aus Hollywood. Die versteckten Botschaften der bewegten Bilder.* Zürich: Rotpunktverlag.

Röper, Horst. 1994. Das Mediensystem der Bundesrepublik Deutschland. In *Die Wirklichkeit der Medien,* Hrsg. K. Merten, S. J. Schmidt und S. Weischenberg, 506–543. Opladen: Westdeutscher Verlag.

Rötzer, Florian. 1995. Interaktion das Ende herkömmlicher Massenmedien. In: *Kursbuch Neue Medien. Trends in Wirtschaft und Politik, Wissenschaft und Kultur,* Hrsg. Stefan von Bollmann, 57–78. Mannheim: Bollmann.

Sassen, Saskia. 2000. Machtverhältnisse im elektronischen Raum. In Das Argument, Nr. 238, die Neue Ökonomie des Internet, 701–707.

Schildt, Axel. 1999. Massenmedien im Umbruch der fünfziger Jahre. In *Mediengeschichte der Bundesrepublik Deutschland,* Hrsg. Jürgen Wilke, 633–648. Köln: Böhlau.

Schlüter, Carsten. 2004. InformationsOperations. Die Weiterentwicklung US-militärischer Strategien zur Instrumentalisierung der Medien. In *Krieg als Medienereignis II. Krisenkommunikation im 21. Jahrhundert,* Hrsg. Löffelholz Martin, 239–254. Opladen: Westdeutscher Verlag.

Schröder, Dieter. 2004. *Augstein, 109–120.* München: Siedler.

Sjurts, Insa. 2004/2005. Medienkrise und Unternehmensstrategien der Global Player: Persistenz versus Dekonstruktion der Wertschöpfungsketten. In *Internationales Handbuch, Medien,* Hrsg. Hans-Bredow-Institut, 100–111. Baden-Baden: Nomos.

Skidelsky, Robert. 2010. *Die Rückkehr des Meisters. Keynes für das 21. Jahrhundert.* München: Antje Kunstmann.

Sösemann, Bernd. 1999. Die 68er Bewegung und die Massenmedien: In *Mediengeschichte der Bundesrepublik Deutschland,* Hrsg. Jürgen Wilke, 672–697. Köln: Böhlau.

Spachmann, Klaus. 2003. Zukunft online? Das Internet-Engagement der Tageszeitungen. In *Krise der Zeitungen,* Hrsg. Mast Claudia, a. a. O., 18 ff.

Stamm, Katja. 2001. Das Bundesverfassungsgericht und die Meinungsfreiheit. *Aus Politik- und Zeitgeschichte* B 37–38:16–25.

Taylor, Frederick Winslow. 1911. *The principles of scientific management.* New York: Harper & Brothers Publishers.

Thomaß, Barbara. 2007. Weltregionen im Vergleich. Westeuropa. In *Mediensysteme im internationalen Vergleich,* Hrsg. Ders., 210–228. Konstanz: UVK.

Trappel, Josef. 2004. Medienökonomie. In *Praktischer Journalismus. Presse, Radio, Fernsehen, Online,* Hrsg. Pürer Heinz, Rahofer Meinrad und Reitan Claus, 431–448. 5. Aufl. Salzburg: UVK.

Vichow, Fabian, und Tanja Thomas. 2004. Militainmentals „banaler" Militarismus. Auf dem Weg zu einer Militarisierung der politischen Kultur? In *Krieg als Medienereignis II. Krisenkommunikation im 21. Jahrhundert,* Hrsg. Martin Löffelholz, 297–325. Wiesbaden: VS-Verlag.

Vlašić, Andreas. 2004. *Die Integrationsfunktion der Massenmedien. Begriffsgeschichte, Modelle, Operationalisierung.* Wiesbaden: VS-Verlag.

Washietl, Engelbert. 2004. Ethik und Verantwortung im Journalismus. In *Praktischer Journalismus. Presse, Radio, Fernsehen, Online,* Hrsg. Heinz Pürer, Meinrad Rahofer und Claus Reitan, 323–340. Salzburg: UVK.

Waterman McChesney, Robert. 2000. Das Internet und die Medienriesen. In Das Argument, Nr. 238, die Neue Ökonomie des Internet, 687–700.

Weischenberg, Siegfried. 2001. Das Ende einer Ära? Aktuelle Beobachtungen zum Studium des künftigen Journalismus. In Aktuelle Medientrends in den USA, Hrsg. Hans J. Kleinsteuber, 61–82. Wiesbaden: VS-Verlag.

Weischenberg, Siegfried. 2004. Journalistik Medienkommunikation: Theorie und Praxis Bd. 1: Mediensysteme – Medienethik – Medieninstitutionen. 3. Aufl. Wiesbaden: VS-Verlag.

Wiedemann, Verena. 1992. Freiwillige Selbstkontrolle der Presse. Gütersloh: Verlag Bertelsmann Stiftung.

Wilke, Jürgen. 1999a. Massenmeien und Vergangenheitsbewältigung. In Mediengeschichte der Bundesrepublik Deutschland, Hrsg. Ders., 649–671. Köln: Böhlau.

Wilke, Jürgen. 1999b. Zukunft Multimedia. In Mediengeschichte der Bundesrepublik Deutschland, Ders., 751–774. Köln: Böhlau.

Wilke, Jürgen. 1999c. Leitmedien und Zielgruppenorgane. In Mediengeschichte der Bundesrepublik Deutschland, Hrsg. Ders., 302–329, Köln: Böhlau.

Wulf, Joseph. 1964. Presse und Rundfunk im Dritten Reich. Eine Dokumentation. Gütersloh: Mohn.